内観療法

漂流する現代人への心の処方箋

Sasano Tomohisa

笹野友寿

作品社

内観療法

——漂流する現代人への心の処方箋

川崎医療福祉大学教授

笹 野 友 寿

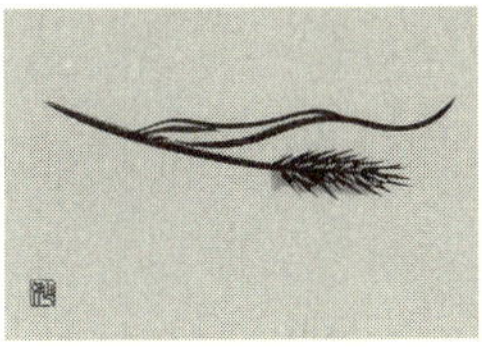

まえがき

内観療法とは、「してもらったこと」「して返したこと」「迷惑をかけたこと」の三つのテーマに沿って、過去の対人関係を集中的に想起する精神療法です。一種の自己反省法であり愛情発見法でもあります。内観療法によって親子関係が改善すれば、気持ちが楽になります。また、感謝の気持ちが芽生え、生きる喜びを感じることができます。そして、不平不満が解消され、人格の成長が促されます。内観療法の技法はいたってシンプルなものです。この三つのテーマに沿った記憶想起を試みるだけで、大きな気付きを得ることができ、悩みから解放されます。やりかたさえ知っていれば、自分一人で、いつでもどこでも容易に行なうことができます。

医学の領域においては、精神療法として認められており、精神科専門医ガイドラインにも内観療法に対する理解が求められています。内観療法は神経症やパーソナリティ障害に広く用いられますが、うつ病からの回復支援にも効果を発揮します。また、共感性が豊かになることから、統合失調症の家族に用いることで家族関係を改善させることができます。近年社会問題化している薬物依存、虐待、リストカット症候群といった嗜癖行動障害からの回復支援プログラムとしても注目されています。また、終末医療《ターミナルケア》にも取り入れることができます。

教育の領域においては、子供の情操教育に大きな効果を発揮します。ホームルームの時間に短時間取り入れるだけでも子供の心は安定し、仲間意識が醸成され、友人を大切にする気持ちが芽生えます。また、親の愛情に気付くことによって、子供から大人への成長を促します。

福祉や介護の領域においては、障害者を取り巻く人たちに体験してもらいたいと思います。障害者について内観することで、彼らに対する共感的理解が深まります。感謝の気持ちが芽生えるので、彼らを支援することに生き甲斐や喜びを感じることができます。とくに、家族が内観するならば、家族自身の自立が促され、自分の問題と障害者の問題とを分けて考えることができるようになります。

援助専門職の育成においては、自己覚知を促すことができます。内観療法によって個人的な課題を解決することができれば、援助内容に深みが増し、スタッフ間の連携においても協調的な関係を築きあげることができます。

本書は、悩みの解決方法を求めている人たちに対してはもちろんのこと、その家族や、各領域で専門職として活躍されているかたがたに対しても、内観療法を取り入れることを提案します。本書を読んでくだされば、内観療法について理解することができ、それぞれの目的に応じて実践することができるものと信じています。

第1章

内観療法は、どのように用いられているか

日常場面での問題解決に生かす

日常生活における最大のストレスは、人間関係に由来するものだと思います。内観療法は、まさにこの領域の問題の解決をもっとも得意としています。

内観療法とは、以下の三つのテーマに沿って、過去の対人関係を想起することです。

(1)　してもらったこと
(2)　して返したこと
(3)　迷惑をかけたこと

この三点を思い出すだけなのですが、気分や行動にとても大きな変化がもたらされることがわかっています。ちなみに内観療法の世界では、思い出すことを「調べる」あるいは「内観する」とも言います。

内観療法には、集中内観と呼ばれる形式と、日常内観と呼ばれる形式があります。どちらも、三つのテーマに沿って想起することに変わりはありません。集中内観は、内観療法の基本となる形式で、内観研修所という専門施設に一週間寝泊まりして行なうものです。二時間ごとに面接者が訪れ、面接者に思い出した内容を話します。

日常内観とは、日常生活のなかで空いた時間を利用して過去を想起するもので、自分一人で行ないます。分散内観とも呼ばれています。面接者はいません。集中内観を体験した人が、気付きをさらに深めていくためにも、日常内観を用いています。寝る前に内観したり、通勤電車のなかで内観したり、各自の状況に合わせてさまざまに工夫して取り入れることができます。

日常内観では、各自の直面する問題に応じて、内観する対象を自由に決めることができます。学生であれば、友人、先生、兄弟姉妹などについて内観すると良いと思います。社会人であれば、上司、同僚、部下、取引先の相手などについて内観すれば、仕事がとても楽になります。日々の生活に日常内観を取り入れることによって、私たちの生き方はとても自由になります。わずか数分の内観によって、心の健康を回復し、対人関係の取り方も上手になります。なお、はじめて内観する際には、練習の意味もかねて、まずは母親について内観するように指導されます。

ある中年のサラリーマンのケースです。異動の辞令があり、あまり評判の良くない上司のもとで働かざるをえなくなってしまいました。事実上の左遷でした。彼が左遷されるには、それなりの理由がありました。彼は毎日晩酌をする習慣が身についていて、翌朝すっきりと目が覚めず、朝御飯も食べず遅刻ギリギリで出社する毎日でした。アルコールが少し残っているようで、頭が重いうえに、朝食抜きで出社するものですから、根気が続かず、まともな仕事ができるはずがありません。もともと人間関係を築くことが苦手だったのですが、一流大学卒という学歴だけを頼りに、それまではなんとか出世コースを歩んでこられました。しかし、細かい仕事をしようとしても集中力が保てず、なに事に対しても意欲的に取り組もうという気持ちを失っていました。そういった状況で左遷されたのです。

しかし彼の、会社に対する愛着は人一倍強いものがあり、エリートコースに復帰したいという執着心もまだ残っていました。そこで左遷先でとにかく二年間、死にものぐるいでがんばってみて、それで評価されなかったら田舎に帰ろうと決心し、日常内観を試みました。具体的になにをしたかといえば、徹底的に上司に対する内観をしました。通勤電車のなかで目を閉じ、昨日の会社での出来事のなかで、「上司からしてもらったこと」「上司にして返したこと」「上司に迷惑をかけたこと」について、なにか一つでも思い出すことを毎日続けました。その結果、たとえば、上司が自分を取引先に紹介してくれたことは「してもらったこと」だと気付き、上司がお茶をこぼして慌てているのを見て見ぬふりをしたことは「迷惑をかけたこと」だと気付きました。逆に、自分から上司に「して返したこと」はほとんどなにも思い出せませんでした。この程度の気付きでしたが、それをくり返していくうちに出勤がとても楽になりました。上司と顔を合わせてもリラックスでき、なにかありがたいような、後ろめたさのない自然な気持ちでいられる自分に気付きました。それまでは、会社に出勤するとき、言いようのない不快感や緊張感に襲われて、だれに対しても敵視し身構えるような心境になっていました。しかし今は、肩の力が抜けてゆったりしている自分に気付きました。はじめて仕事が楽しいと感じられるようになりました。彼の奥さんも、「夫がこんなに毎日機嫌良く生き生きとした姿を見るのは、結婚して以来はじめてのことだ」と喜んでいます。

ある女子大学生のケースです。授業の最中に、後ろの席に座っている人の視線が気になって、勉強が手につかなくなりました。自分が見られているのではないのか、自分の後ろ姿が変なのではないかと気になり、授業を受けるどころではなくなりました。そのうち彼女は一番後ろの席にしか座ることができなくなり、その席が空いていなければ欠席するようになりました。いろいろなリラックス法を取り入れてみましたが、効き目はありませんでした。

自分で望んで入った大学なのに、その授業に出られなくなってしまった彼女は、自分自身に対して大いに失望しました。そこで、最後の望みをかけて内観を試みました。子供の頃から現在まで、年代を区切って、自分の部屋で一生懸命、母親について内観しました。次に父親と妹について内観しました。妹について内観したとき、妹に対してとてもかわいそうなことをしたことに気付きました。彼女が小学校の三年生のとき、五歳の妹が彼女のお気に入りの靴を汚してしまったので、激しくしかったことを思い出しました。妹が、「お姉ちゃんの靴を磨こうとしたらこうなってしまった。ごめんなさい。ごめんなさい」と、なん度もなん度も泣きながら謝ったのに、彼女は妹を許しませんでした。そのことを思い出したとたん、妹に対して申し訳ないという感情が込みあげてきて、突然目頭が熱くなりました。クラスの友人の視線など、どうでもよいことのように思えてきました。

彼女は、授業が始まる前の数分間を、妹についての内観に充ててみようと思いました。その結果、彼女は授業中の緊張感を乗り越えることができました。

以上、サラリーマンと女子大学生のケースを紹介しました。二人とも、内観することで思いがけない事実に気付き、悩みから解放されました。ただし、内観療法はけっして感謝や反省の気持ちを強制するものではありません。内観療法が求めているものは、ただ、三つのテーマに沿って過去の事実を思い出すことだけですから、だれでも抵抗なく行なうことができるのです。内観療法の三つのテーマは、今直面する悩みとはまったく無関係のことかもしれませんが、さまざまな気付きを得ることができ、その結果として悩みが解消されるのです。日常内観はほんの数分もあればできますし、一人で行なうものですから、とても負担の少ないものです。

人格の成長を目指す

一方、日常内観と比較して、より濃厚な環境のもとで行なわれるのが集中内観です。日常内観による気付きを積み重ねていくには時間がかかりますが、内観を集中的に行なうならば、短期間で大きな気付きを得ることができます。集中内観とは、いったん日常生活から離れ、内観研修所という施設に寝泊まりして、朝から晩までただひたすら内観に取り組むものです。面接者が二時間おきに内観者のもとを訪れ、想起した内容を傾聴します。集中内観は一週間で終了し、内観者は再び日常生活に戻ります。

集中内観を終えたからといって、けっして平穏に日々が過ぎていくわけではなく、たえず新たな悩みが生じます。しかし、過去に内観体験があれば、そこで得たさまざまな気付きをもとに、新たに直面した課題を克服することができます。内観療法、とくに集中内観を体験した人には、ある程度共通した傾向が見られます。それを一言で「人格の成長」と言っても良いと思いますが、具体的な特徴について説明していきましょう。

第一に、親からの自立が促進されます。

一般に、親と子は相互に頼りあう関係にあります。もちろん親子の仲ですから、そのような関係は当然であって、そのことになんら問題はありません。しかし、人の悩みを探っていくと、そのような親子関係のあり方に悩みの原因が帰着することも多いようです。親から自立できないがために行動が束縛され、そのために、直面する問題の解決能力も失われてしまうのです。

集中内観においては、親について「してもらったこと」や「迷惑をかけたこと」を徹底的に調べあげます。その結果、まず親の愛情に気付きます。親の愛情に気付くことは、情緒の安定につながります。また、親に対して「迷惑をかけたこと」を深く反省することによって、親に対する甘えを断ち切ることができます。親の問題と自分の問題を混同することがなくなり、さらには、親の健康的でたくましい姿にも気付くことができますから、安心して親離れすることができます。そして、自分の人生をみずからの判断で選択し切り開いていく勇気と決断力が備わります。親と子が互いに自立できてはじめて、真に助けあう関係になることが可能になります。

第二に、コミュニケーション能力が向上します。

コミュニケーションを成立させるためには、それなりの行動力や判断力が必要です。集中内観を体験した人は、積極的な行動がとれるようになります。しかも、けっして無分別に行動を起こすわけではなく、自分の置かれた状況に応じた適切な行動を判断できるようになります。また、相手が今どういった心境にあるのか、あるいは、今なにを求めているのかといったような、その場の状況や雰囲気を正しく判断する能力が養われます。もちろん、人の顔色をうかがってビクビクするような心境では困りますが、集中内観によって他者とうち解けた関係を築く能力も身につくので、そういったことは心配ありません。意志疎通のずれが生じたとしてもすばやく修正することができ、逆境に追い込まれたとしても状況を好転させるだけの実行力も身につきます。

精神障害者の社会復帰に向けた援助技法として、生活技能訓練と呼ばれるコミュニケーション能力の向上を目指すプログラムがあります。内観療法は、コミュニケーション能力の向上を直接取り扱う治療法ではありませんが、対人関係における認知を修正する効果があるので、結果的に生活技能訓練としても有用です。

第三に、物事を内省的に受け止める能力が身につきます。

Ｐ－Ｆスタディーという心理テストを行なえばあきらかになるのですが、集中内観によって他責的傾向から自責的傾向に人格が変化します。日常場面で特別に内観を意識しなくても、自然に内省的な視点で自分の置かれた状況を捉えることができるようになります。物事を他人のせいにするのではなく、自分と厳しく向きあう勇気が身につきます。対人関係を協調的に築きあげることができるので、周囲からも信頼されうる人材になり、結果的に本人も満足した人生を送ることができます。

第四に、信念を貫き通す精神力が身につきます。

内省的であるということは、けっして弱気であるとか、自分に誇りが持てないといったことを意味するものではありません。心の根底に耐える強さがあるからこそ、内省的になることができます。

ある若者は、毎晩車で暴走することを楽しみにしていました。後ろから追い越されでもすると、すぐカーッとなって抜き返すような性分で、よく喧嘩をして警察の世話になっていました。しかし、集中内観によってかけがえのない家族の存在に気付き、制限速度を守るようになりました。ときには、後ろの車に煽られたり悪質な挑発を受けることがあって、さすがに冷静ではいられないこともあるそうですが、とにかく自分を抑えることができています。そして、耐えることができたあとには、大きな自信と満足感が湧いてくるそうです。最近では、仕事が面白くなってきたため、車に対するこだわりは減ってきたそうです。

また、内観療法によって、他人の言いなりになるような、自主性のない人格が形成されるのではないかと誤解されがちですが、実際はその正反対の変化が生じます。強い正義感や倫理観が獲得され、反社会的な行為に対しては敢然と対決する傾向がみられます。みずからの信念にしたがって行動できるような、強いパーソナリティが形成されます。まれに、他人に厳しくなりすぎることがあるため、治療上注意が必要なくらいです。

第五に、集中力や持久力が身につきます。

集中内観を体験したあと、体力がついたと表現する人がいます。仕事に対し地道に努力するために必要な集中力や持久力が身についたということでしょう。集中内観にはそういった効果もあるので、うつ病からの回復支援プログラムとしても注目されています。

集中力が身につけば、仕事の能率が高まります。たとえ頭に雑念が浮かんで気が散ったとしても、とにかく目的本位の気持ちで仕事に取りかかることができます。また、持久力が身につくことで、仕事で結果が出せるようになります。実際に仕事量をこなしていけるようになることで、自分に対する自信が生まれ、焦ることもなくなってきます。

人は、いざなにかはじめようとしても、スムーズにはじめられないことがよくあります。結果ばかりが気になり、気持ちが空回りして、挙げ句の果てに、今日はやめて明日からがんばろうなどと、物事を先延ばしにしてしまうこともあります。やっとのことで取りかかったとしても、すぐに疲れて投げ出してしまいがちです。その原因の一つには、集中力や持久力が欠けていることが考えられます。

集中内観によって、そういった状況においても地道に努力する心境が得られます。これは、徹底した内省によって自己の至らなさを身にしみて知ったからこそ、到達することのできる心境です。やるべきことはやらなければならないという、謙虚さや責任感も芽生えます。

第六に、健康で伸びやかな心を取り戻すことができます。

子供の頃に戻ったようにのびのびと、好奇心が旺盛で、ユーモアに富んだ心境になり、適度に甘えることもできるようになります。それは、集中内観で徹底的に懺悔したことによって、後ろめたさがすっかりなくなってしまうからです。純真無垢の状態に戻ったからこそ、子供のように自由な心を取り戻すことができるのです。エゴグラムという心理テストを行なってみると、集中内観によってフリーチャイルド（子供の純粋な自我の状態）の得点が上昇することがわかっています。

このように、内観療法によって心の柔軟性を取り戻すことができ、人生に対し創造的に取り組もうという意欲が芽生えてきます。内観療法は自己を抑圧するような堅苦しいパーソナリティを形成するのではないかと誤解されがちですが、実際はその正反対の変化が生じます。子供のように健康で伸びやかな心を取り戻すことができるため、嬉しいことがあると素直に喜ぶことができます。また、想像力や感受性が豊かになり、幸福感や満足感が高まります。

不幸な結婚生活のために離婚し、長年男性不信に陥っている女性がいました。彼女は集中内観を体験したあと、すぐに彼氏ができ結婚しました。これはまさに集中内観によって健康な心が回復した結果であろうと思われます。

第七に、敏感さがなくなります。

良い意味での鈍感さが身につきます。年齢相応の話題にも興味を示し、世俗的な冗談にも応じ、みずから上手に話の輪に入り込むこともできるようになります。それまでは、周りの人たちも腫れ物にさわるようにして接してきましたが、その必要がなくなります。ある若い女性は、父親の冗談がとても不快で父親を遠ざけていましたが、集中内観を体験することで自分の愚かさに気付き、そのようなことはほとんど気にならなくなりました。

また、現在抱えている心配事についても、気楽に構えることができるようになります。予想外の出来事に対しても、それを楽しむ余裕が生まれ、成り行きまかせの心境が得られます。たとえ困っても、集中内観で気付いたことを思い出せば克服できるという自信があるので、精神的にたくましくなります。

以上、集中内観による人格の成長の、具体的特徴について述べてきましたが、日常内観についても程度の差こそあれ、同様の方向性を持つ変化が生じることがわかっています。

介護領域での家族支援

内観療法は、介護を必要とする老人を抱える家族を支援するための手段としても、用いることができます。家族支援とはいうものの、けっして家族の幸せだけを視野に入れるものではありません。最終的に、家族も要介護老人もともに幸せになることを目指しています。内観療法を用いた家族支援の目的は、要介護老人が家族にとってかけがえのない存在であることに気付いてもらうことにあります。それによってはじめて悔いのない介護の実践が可能になります。

介護者としての家族は、要介護老人のためにかなりの時間と労力を費やしています。それが長期に及べば介護負担感が増大し、さまざまなネガティブな感情が芽生えます。これは仕方のないことです。施設から在宅復帰する場合にも、やはり同様の葛藤が生じます。しかし、そのような心境に陥ってしまうことは、家族にとっても要介護老人にとっても不幸だと言わざるをえません。こうした状況にある家族が内観療法を行なうならば、複雑にもつれた糸をほぐすように問題点を整理し、要介護老人が家族にとってかけがえのない存在であることを再認識することができます。そうすることで、在宅復帰という新たな展望も開けてきます。

家族は、要介護老人について内観することによって、新たな気付きを得ることができます。そして、介護という大きな負担を強いられる生活のなかで、忘れかけていた絆を取り戻すことができます。そうすれば、介護はけっして苦しいだけの味気ないものではなくなります。在宅復帰というものは、ハード面や環境面がいくら整備されたとしても、それだけでは家族に負担を強いるだけになってしまい、要介護老人にとっても不幸なことです。しかし、内観療法による気付きを得たうえでの在宅復帰であるならば、家族にとってけっして負担の増大だけを意味することにはなりません。家族も要介護老人も、ともに家で過ごすことができる幸せを実感することができるからです。

家族に内観療法を導入する場合に注意すべきことは、主な介護者が妻や子供であることが多いということです。つまりその場合、介護者こそもっとも支えを必要とする弱い存在だということです。ですから在宅復帰に向けて、むやみに介護者に圧力をかけるようなことがあってはなりません。在宅復帰への援助のあるべき姿は、介護者から喜んで受け入れてもらえるようなものでなくてはなりません。したがって、やっとの思いで施設に入所させることができ、ほっとしている家族に対して、いきなり在宅復帰を提案することは好ましくありません。内観療法が目指すところは、要介護老人に対する愛情の再確認であって、いたずらに在宅復帰という形を求めるというものではありません。あくまで結果としての、家族の自発的意志に基づく在宅復帰でなければなりません。また、内観療法自体も、家族の介護疲れがある程度癒された時点で、穏やかな形で導入することが望まれます。

たとえば、要介護老人の生活史を家族の口から聞きたいという理由で、生活史年表を作成してもらいます。そしてそのなかに、内観療法の三つのテーマを課題にあげておきます。あるいはこの場合は、「してもらったこと」と「して返したこと」だけでも良いと思います。そして、生活史年表を完成したあとに、自由に感想を書いてもらうスペースを用意しておきます。そのようにして提出された感想のなかに、内観的な気付きを書き込んでくる家族が思いのほか多く見受けられます。そのような家族にはノート内観を勧めたり、詳しい手記を提出してもらったりします。あるいは、家族会の場で心境を語ってもらうなど、気付きを深めていく方法はいろいろあります。集中内観まで導いていくことができれば理想的かもしれませんが、家族を取り巻く現実の状況を考えれば、そこまで介護者に求める必要はないと思います。

脳卒中のために寝たきり状態で施設入所している夫について、妻が内観しました。「私が卵巣の手術で入院したとき、夫は毎日遠くからバスを乗り継いで付き添いに来てくれました。退院してからも、家事を手伝ってくれたり買い物に付きあってくれました。今私が住んでいる家は、若い頃夫と二人で作った思い出の詰まった建物です」と、妻は気付きました。それがきっかけで、とても勇気のいることでしたが、長年住み慣れたわが家に夫を連れて帰りました。「迷いながら在宅介護をはじめましたが、こうして夫の笑顔を見ることができるのは、家で一緒に過ごしているからだと思うと、連れて帰って本当に良かったと感謝しています」と語ってくれました。

重度の認知症で施設入所中の母親について、娘が内観しました。「父親が戦地に征くとき、母は赤ん坊だった私を背負って、駅に見送りに行きました。私がむずかって泣き出したので、父は汽車が動き出しても私のことばかり気にしていたそうです。それが父の最後でした。母にしてみれば、どんなに心細かっただろうかと思います。赤ん坊だったとはいえ、私は母と父の最後の別れの大切な時間を奪ってしまいました」と、娘は気付きました。在宅復帰はかないませんでしたが、娘は施設に面会に行くことをとても楽しみにするようになりました。

骨折がきっかけで家で寝たきりの状態になっている父親について、娘が内観しました。「就職が決まって東京にアパートを探しに行ったとき、父が付いてきてくれました。途中満員電車に乗ったとき、父は空いた席を見つけて私を座らせてくれました。父は手すりをつかみ損ねて頭を打ち、立ったままじっと額を押さえていました。私は父の姿を見て、なにをぼんやりしている田舎者だろうかと苛立ち、少しぐらい痛い目に遭えばいいんだと馬鹿にしていました。父は純粋に私のことを気遣って付いてきてくれたのに、私は自分のことしか考えていませんでした」と気付きました。娘は施設入所の申し込みを取り下げて、可能な限り住み慣れたわが家で父親を看てあげたいと思うようになりました。

このような形で内観療法を導入すれば、家族に喜んでもらうことができ、在宅介護に向けての本当の意味での支援につながるのではないかと思います。

ところで、介護領域の現場が抱える宿命として、常に死と向きあわざるをえないことがあげられます。人生の最後の時間をいかに家族と有意義に過ごしてもらうかということが、介護領域での究極のテーマです。また、当人が亡くなったあとも、残された家族に対しては特別のケアが求められます。このように、終末医療《ターミナルケア》という視点からも、内観療法は積極的に取り入れてみる価値があります。

障害者の家族支援

障害者の家族が内観療法を体験することによって、家族自身が心の健康を取り戻すことができます。障害者の心身の状態が、実はその家族の心の健康度に関連して変動することは珍しくありません。統合失調症の再発に関する研究においても、穏やかな家族関係のもとで過ごす患者は、あきらかに再発のリスクが低くなることがわかっています。介護領域においても、介護者を支えることで要介護者のＱＯＬ（生活の質）が改善することが知られています。

障害を持つ子供とその母親は、互いに依存しあう関係に陥りがちです。とくに、知的障害や身体障害の領域において、そのような傾向が見られます。母親は自分自身の人生を楽しむことを忘れ、子供との関係だけの狭い世界に埋没し、その関係だけに生き甲斐を感じるようになりがちです。このようないびつな親子関係のあり方は、親自身が自立できていないという問題だけにとどまらず、ひいては子供の自立にとって大きな妨げとなります。母親が内観療法を体験することで、今までの親子関係のあり方はけっして子供のためになっていなかったことに気付くことができます。内観療法によって親が自立することができれば、ある程度子供に任せてもいいんだという余裕が生まれます。そして、自分の問題と子供の問題とを区別して考えられるようになり、自分自身の生き方にも目を向けることができるようになります。そうなってはじめて、親は障害を持つ子供に対して真の意味での支援を実践することが可能になります。

子供のためにと思って内観療法を体験したところ、実は自分の方にこそ大きな問題を抱えていて、そのまま今日に至っていることに気付く親がいます。子供の問題が顕在化したからこそ、家族自身が内観療法に出会うことができ、自分を見つめ直すきっかけが与えられたことになります。親の方が、障害を持つ子供に感謝しなければならないという構図が浮かびあがってきます。

精神障害の領域においては、子供の症状が暗示しているものを探っていくと、家族自身が抱えている未解決の問題にたどり着くことがあります。あるいは、子供を取り巻く家族という集団全体に蔓延している、不健康な家族関係が浮き彫りになることがあります。そのような場合、子供の症状は家族の問題を反映したものであり、そのことを知らせるSOSのサインであったと理解することもできます。したがって、家族全体を対象にした援助を行なわなければ子供の問題は解決しません。家族病理に切り込む技法は数多くありますが、そのなかでも内観療法は有力なものとして位置付けられます。

精神障害の患者の場合、本人に内観療法を導入するよりも、家族が行なう方が治療的に効果的なことが多く見られます。とくに、統合失調症に代表される精神障害の場合には、本人に内観させることは精神への侵襲が大きすぎてあまりにも危険です。統合失調症患者には、内観療法を原則的に行なわせるべきでないとされています。その場合、むしろ家族に内観してもらうことが薦められます。その結果、穏やかな家庭環境が提供されることになり、それに呼応するように障害者自身の症状が軽快します。

拒食症の娘のために集中内観を体験した母親がいました。彼女は、「私は今日まで理想的な主婦としてやってきたのに、なぜ今になって娘の病気で苦しまなくてはならないのだろうか。そのうえ、娘から母性が欠けているとなじられて、これからどうして良いのかわからなくなった」と、みずからの不幸を嘆いていました。そういった状況のもとで、なにかのきっかけになればというせっぱ詰まった思いから、集中内観を体験することになりました。実は彼女は、集中内観を体験するまでは自分の父親を軽蔑していました。そのこだわりを持ち続けたまま、現在に至っていました。集中内観した結果、「黙々と働く父の顔が目に浮かんできたとき、申し訳なかったという気持ちが込みあげてきました。それから内観が深まっていったように思います。父にはまだ会っていませんが、会うと取り乱して泣いてしまいそうで恐いくらいです」と、感想を語ってくれました。彼女は、父親を尊敬することができるようになったことで、無理に背伸びをする必要を感じなくなりました。そして、なに事に対してもゆったり構えることができるようになりました。拒食症の娘の病状に対しても一喜一憂することがなくなり、娘の発病以来中断していた趣味のスイミングを再開しました。不思議なことに、そういった彼女の姿が拒食症の娘にはむしろ母性的に映り、母子関係の改善につながりました。

うつ病患者を夫に持つ女性が、いつまでも仕事に行けないでいる夫に対して愛想をつかし、内心離婚を決意して集中内観を体験しました。実は彼女は、実家の母親から頼まれて、結婚してもなお実家の商売を手伝っていました。集中内観した結果、母親に対して過剰に尽くす自分の親子関係のあり方が、夫婦の団らんを阻害していたことに気付きました。そしてそのことが、夫のうつ病からの回復の妨げになっていたことにも気付くことができました。内観を体験する前の彼女なら、たとえそのことに気付いたとしてもどうすることもできませんでした。しかし、集中内観から帰るなり、思い切って実家の手伝いを断ることができました。実家の母親はそのことに不満を言うどころか、彼女が大きく成長したことに感激して、「私も集中内観に行ってみようかしら」と喜んでくれました。集中内観によって母親について徹底的に反省したからこそ、逆に母親に対する信頼感が生まれ、言いにくいことでもきちんと伝えることができたのだと思われます。もちろん集中内観によって、彼女が意図していたこととは正反対に、夫に対する愛情が深まったことは言うまでもありません。結果的に、彼女のこのような変化が、夫のうつ病からの回復にとって大きな影響を与えることになりました。

なお、障害者の母親や妻に集中内観してもらうことは大変望ましいことですが、注意すべき点があります。母親や妻という存在は、患者とその親族のあいだに立って、周りから攻撃の対象にされやすく、非常につらい立場に置かれがちです。したがって、集中内観の導入に際しては、彼女たちを追いつめたり苦しめる結果にならないように、彼女たちを取り巻く家族背景には十分注意を払い、慎重に進めていく必要があります。

学校教育に取り入れる

内観療法が教育界に取り入れられたのは、一九六〇年代前半のことですから、すでに半世紀近くの実績があります。教育界においては、子供の情緒の安定を目指すことはもちろんのこと、いじめの問題解決や、福祉教育の実践、あるいは地域ボランティア活動など、幅広い領域での内観療法の適用が期待されています。

内観療法の実際の導入のやりかたは、ホームルームなどの時間を利用して、三つのテーマについて思い出させます。最初は母親に対する内観からはじめますが、子供たちが内観のやりかたに慣れてきたら、内観の対象を家族から友人に広げていくことも可能です。生徒がボランティア活動でお世話した人について内観させることも有意義です。あるいは、徹底的に母親についてのみくり返し内観させることでも、十分な効果が得られます。想起しただけで終わらせてもかまいませんが、友だち同士でペアになって、内観面接のように互いに相手の聞き役になることも可能です。

あるいは、内観した内容をノートに書かせるやりかたも多く取り入れられています。それを宿題の課題として与えることもあります。これは、一般にノート内観あるいは記録内観と呼ばれていますが、分類から言えば日常内観に位置付けられます。通常、内観療法においては、想起した内容を記録することは禁止されています。それは、記録に頼らずに忘れまいとして頭のなかで反芻することによって、より深く記憶にとどめさせるためです。しかし、場合によってはノートに書かせて視覚に訴える方が、内観内容をより強力に記憶に刻み込ませられることもあります。話し言葉のように瞬間的に消えてしまうものよりも、いつまでも残る文字で確認する方がはるかに理解しやすい子供もいます。しかもノート内観には、教育という観点から見ても、それなりの意味があります。子供が持参した内観ノートを教師がチェックして、そこにコメントを書き加えることで、教師と子供のあいだに信頼関係が芽生え、子供にやる気と満足感を与えることができるからです。

教育現場に内観療法を取り入れることで、子供の情緒が安定し、親からの自立が促進されます。また、感受性の強い人格を形成することができ、子供同士の関係においても、互いに共感しあえるような仲間意識が醸成されます。行動面においても落ち着きを取り戻し、集中力や持続力が向上します。現在社会問題になっている子供同士のいじめについても、内観療法はその一つの処方箋になりうるものです。内観療法は、けっして他人の言いなりになるような人格を作りあげるものではありません。倫理観と行動力はむしろ強化されますから、いじめへの抑止力になるだけでなく、いじめを目撃すれば敢然と対決し、周囲に対しても適切な働きかけをすることができるようになります。

ところで、一般的傾向として子供は大人より内観が深まりやすいと言われていますが、なん歳からできるかというと、小学校入学前の子供でも可能です。その場合は、三つのテーマを年齢に応じた言葉に置き換えれば良いと思います。

たとえば、

(1)　ありがとうのこと（してもらったこと）
(2)　お手伝いのこと（して返したこと）
(3)　ごめんなさいのこと（迷惑をかけたこと）

のように置き換えると、小学校入学前の子供でも十分可能です。

就学前の子供が内観している様子を、テープで聞いたことがあります。内容はいたって素朴なものでしたが、具体的な情景が詳しく描写されており、この歳でそこまで自己を観察できるものなのかと感銘を受けました。著者が内観研修所で集中内観を体験したときも、同じ部屋に小学校五年生がいました。彼は東北地方から一人で来て、最後まで集中内観をやり通したのです。

大学生にも内観療法はよく用いられます。著者は大学の学生相談室のカウンセラーを兼務していますが、相談内容は友人との関係、教師との関係、就職や進路の問題、さらには神経症的悩みなど多彩です。しかし、カウンセリングが深まっていくにつれて、多くのケースで親からの自立という課題が共通して浮上してきます。この年代にとって、自立や成長はとくに重要な課題です。したがって、内観療法は大学生に積極的に勧める価値があります。内観療法によって親子関係を見つめ直せば、親の愛情やたくましさを確認することができ、親の問題は親にまかせる余裕も生まれ、自立や成長が促されます。

看護師、介護福祉士、ソーシャルワーカー、心理士など、いわゆる援助専門職を目指す学生にとっては、その育成プログラムに内観療法が取り入れられることを望みます。援助専門職として働くのであれば、利用者の気持ちを理解し共感できるだけの感性を身につけておかなければならないことは当然です。そのためには、まず自分自身を知ることからはじめる必要があります。内観療法は、自己覚知を促すにはうってつけのプログラムと言えます。

スポーツ選手のメンタルトレーニングにおいても、内観療法は注目されます。スポーツ選手にとって、鍛えることがもっとも困難な領域が心の領域であり、心が乱れれば良い結果は出せません。内観療法をトレーニングに取り入れることによって、練習ができることや試合ができることへの喜びを感じることができます。相手選手に対し敬意を抱くと同時に、相手選手の一挙一動に惑わされない不動の信念が培われます。勝ちたいとか良い記録を出したいという誘惑や、失敗したらどうしようかという迷いからも解放され、結果として最大限の能力を発揮することができます。怪我で第一線からの脱落を余儀なくされた選手にとっても、リハビリテーションにおいて内観療法は効果を発揮します。フェアープレイの精神を養うことや、チームワークを確立することにも内観療法は貢献できます。プロ野球の福岡ソフトバンク・ホークスの小久保裕紀選手は集中内観を二度も体験しており、日本内観学会が主催する内観療法ワークショップにおいてみずからの体験を発表しています。また、全国的に名の通った高校の野球部でも取り入れられています。

実際に内観療法を体験しなくても、内観療法というものがあることを知っているだけで大いに意味があります。人間というものは、そもそも反省したがっている生き物ではないかと思われる節があります。内観療法という自己反省法があることを知るだけで、自然に日常内観をはじめる生徒がいます。大学の授業で内観療法に関するビデオを見せると、なん人もの学生がその後自発的に日常内観を取り入れていることがわかっています。そして、親に対する感謝の気持ちが生まれたとか、他者の気持ちを考えることができるようになったと感想を述べてくれます。

非行、犯罪からの回復支援

内観療法は、そもそも少年院や刑務所における矯正教育において実績を積みあげたことで、その評価を確立していった歴史を有しています。吉本伊信の開設した内観研修所は、当初、内観教育研修所と名付けられていましたが、それもこのような歴史的事実に由来していると思われます。内観療法が少年院や刑務所で取り入れられたのは一九五〇年代半ばですから、この領域においては半世紀を越える歴史があります。吉本伊信は、篤志面接委員として少年院や少年刑務所に出向いて指導にあたっていましたが、水泳中の少年を呼び止めてプールサイドで内観面接している写真も残されています。少年刑務所での実践の結果あきらかになったことは、内観療法を体験した受刑者の再犯率は、体験しない者に比べて二分の一から五分の一に低下するという事実です。現在、日常内観と集中内観を取り混ぜて、更生のための指導プログラムに組み込んでいる少年院が多数あります。

少年院の生徒にとっては、内観療法の三つのテーマのなかの「迷惑をかけたこと」については、思い出す材料がいくらでもあります。一般人は、自分の行為を細かく検証し直して、そこから絞り出すようにして「迷惑をかけたこと」を認知していくという、苦しい作業を必要としますが、彼らにとっては取っつきやすい作業です。しかも、求められることは、三つのテーマについて事実を淡々と思い出していくだけのことですから、最初から反省を強いられているという意識も抱かせません。気が付けば、知らず知らずのうちに大いに反省の気持ちで一杯になっていたというように、無理なく自然に真理に到達できる仕組みが内観療法には備わっています。

愛情に飢え心が荒んだ少年たちにとって、本当は両親をはじめ多くの人たちから愛情を受けていたという事実に気付くことは、更生するうえでの大きな励みとなります。少年院の生徒が内観する様子が、ラジオで放送されたことがあります。そのなかで、貧しい母子家庭に育ったこの少年は、母親について内観し、修学旅行に行きたいとせがんで母親を困らせ、無い金を工面させてしまったことを懺悔しています。また、妹について内観し、弁当のおかずを自分に分けてくれたことを思い出し、妹の愛情に感謝しています。そして、自分が多くの人から愛情をかけてもらっていることを確信し、素直な心を取り戻しました。この放送内容は『懺悔の記録』(内観研修所発行)と題され、カセットテープで市販されていて、そのテープは、現在でも集中内観を体験する人のほとんどが、内観研修所で聞かされます。

なお近年、少年院の生徒に占める発達障害の比率の高さが注目されています。もしかしたら、少年院や少年刑務所の篤志面接委員であった吉本伊信は、当時すでに、そのような性向を有する多くの少年たちと接触していたかもしれません。もしそうなら、吉本伊信のこの経験が、集中内観の仕組みに反映されている可能性があります。そのような視点から見つめ直してみると、内観療法は他者への共感能力を高める側面があることから、もしかしたらなんらかの形で発達障害への支援プログラムとして取り入れる価値があるかもしれません。

次に刑務所で集中内観し、みごとに更生した、あるやくざの親分のケースを取りあげます。その親分は、刑務所で暴れて独居房に入れられました。一九五九年のことです。独居房に退屈していたところ、看守から退屈しのぎにいいだろうと、ある一冊の本が渡されました。手に取ってみると、内観療法について書かれた本でした。こんな辛気くさい本が読めるかと投げ返したのですが、壁にあたって跳ね返ってきました。親分はあまりの退屈さからその本に一通り目を通し、内観療法とはこうするものだということだけは理解しました。しかし、自分自身がそれを実践するかどうかと言えば、こんなもの絶対にするものかと思っていました。ある日、独居房に歌謡曲が流れてきました。受刑者の気分転換に流された歌でした。いい歌だなあと思って聞き入っているうちに、親分は頭のなかで勝手に内観をはじめていました。「しまった、つまらんことをはじめてしまった」と思ったものの、内観が止まりません。大声で叫んだり、頭を壁にぶつけたりしたのですが、内観をやめることができませんでした。親分は決心しました。「自分はやくざの世界でここまで大物になるだけの根性を持った男だ。いっそのこと、内観を徹底的にやってやろうじゃあないか」。そして、六週間に及ぶ内観をやり遂げたのでした。その間、他の受刑者から独居房の窓越しにからかわれましたが、机にしがみついて耐え抜きました。刑務所を出てからは、迷惑をかけた人々に謝って回りました。醤油屋で働いている元子分から出所祝いに醤油の一升瓶をもらいました。その醤油を自転車の荷台に乗せて、一軒一軒量り売りで売って歩きました。一本分売り切れるとその代金で新たに醤油を買い、また売って歩きました。クレームを付けられたり冷たく無視されたりもしましたが、働かせてもらっていると思うと嬉しくてたまらなかったそうです。後に、長者番付に名を連ねるまで成功しました。その詳細は『ユウシン』と題され、カセットテープ（全一二巻、内観研修所発行）で市販されています。

彼の取った方法は、本からの知識だけが頼りの、見よう見まねの集中内観でした。しかし、集中内観とはこうするものだということは理解することができましたし、看守が面接者になってくれました。やりかたを書物から学んだだけで、これほどまでに深く内観でき、大きな人格改造効果が発揮されたということは、内観療法が高い汎用性を有していることを示しています。

アルコール依存症、神経症の治療

学術誌に内観療法のことがはじめて掲載されたのは一九六八年のことです。石田六郎の「内観分析療法」と題された論文が、『精神医学』（医学書院、一九六六年六月号）という雑誌に掲載されたのですが、内観療法という用語はまだ用いられていません。石田六郎は一九六〇年代前半にはすでに内観療法を試みはじめていたようです。彼の論文によれば、内観療法そのものは原法に忠実に行なっていますが、内観時間を少なめに設定したり、内観療法導入前に自律訓練法や催眠法を取り入れるなどの工夫がなされています。精神科の患者の場合は、事情に応じて期間や面接回数など、条件を軽くしてあげなければならないという配慮からです。論文には、一〇年来くり返すてんかん様失神発作の女性、多彩な身体症状のため手術も含め一〇年間も入院生活を続ける女性、および腹痛や嘔吐が治まらないため三年間も出社できない男性の治療経過が詳細に記載されています。いずれも神経症の圏内に属する疾患であることがわかります。論文には、神経症を中心に他にも四〇例以上試みていると報告されており、顕著な効果が六八％、軽快以上も含めると八六％に改善が見られます。また、九三％に対人感情の好転が認められたとされています。そもそも、内観療法の目指すところは対人関係における認知の修正であって、症状の改善は結果として得られた副産物にすぎませんから、九〇％以上の患者に内観療法の効果が認められたと考えることができます。

神経症の患者は症状に苦しんでいます。しかし、症状だけに注目して治そうとしても、原因はその奥にあるわけですから、無駄な努力に終わってしまいます。患者は自分ではどうしても抜け出せない、理屈では解決できない袋小路に入り込んでいます。そこに内観療法は答えを見つけ出します。

ある若いサラリーマンのケースです。ある日の夜、仕事帰りの電車のなかで目の前の酔っぱらいが嘔吐して、その吐物を見て気持ち悪い思いをしました。それからというもの電車に乗るとその光景を思い出して気分が悪くなり、移動はすべて車に頼らざるをえなくなりました。通勤はもとより他県への出張も自分の車で行くようになりました。彼はこの病気について、過敏で見栄っ張りという自分の性格と、厳格な両親のもとで育ったという家庭環境を原因にあげました。しかし、集中内観を体験してみると、母親や父親からの深い愛情に気付き、厳格な家庭環境という大前提が崩れ去りました。また、内省的な気持ちが芽生え、周りに気配りできない自分が過敏であるというのは、あまりにも矛盾していることに気付きました。そして、苦しい状況でも、一つ耐えてみようという勇気が湧いてきて、少しずつ電車通勤ができるようになりました。

内観療法という名称がはじめて用いられたのは、一九六九年のことです。岡山大学の洲脇寛、横山茂生および竹崎治彦が共著で、「内観療法の研究」と題し『精神医学』（医学書院、一九六九年九月号）という雑誌に発表したのです。この論文によると、岡山大学で四八例に内観療法が試みられています。内訳は、アルコール依存症二五例、神経症一二例、パーソナリティ障害三例、薬物嗜癖二例などです。アルコール依存症のうち、あきらかに内観療法が有効であったケースが三例で、ある程度有効なケースも一五例あります。有効例は人格的偏りが少なく、みずから治療を求めたケースに見られました。内観療法を導入することによって、その後の断酒の継続にもつながったようです。

アルコール依存症の患者は、それまでにさんざん家族を苦しめてきていますから、思い出す材料も多いわけで、その点は少年院の生徒と似たようなものです。精神療法としての内観療法の歴史は、アルコール依存症への導入の歴史と重なっています。今では、アルコール依存症に対して、内観療法は唯一と言ってよいほど有効な治療法として認められています。入院中に集中内観を導入することで、退院後の断酒率が著しく向上することが知られています。五年断酒率を見ると、通常の治療ではおよそ二〇％にとどまるところが、内観療法を行なうことによって四〇％まで上昇することがわかっています。一九七二年、岡山大学名誉教授奥村二吉が、京都大学名誉教授佐藤幸治および実践女子大学教授山本晴雄と共同編集で、医学書院から『内観療法』と題した著書を上梓しています。この本はすでに絶版になっているので入手は困難ですが、内観療法に関する研究書のなかではもっともすぐれたものと評価されています。

アルコール依存症の治療法として内観療法が定着するには、指宿竹元病院院長の竹元隆洋による貢献が大きかったと思われます。鹿児島県精神衛生センターの医師として赴任した竹元隆洋は、アルコール依存症の家庭を訪問し、その目を覆うばかりの惨状に大きな衝撃を受けました。そして、鹿児島県指宿市に精神科病院を開設し、もっぱらアルコール依存症の治療に専念することにしました。竹元隆洋は、断酒会などでの臨床経験の積み重ねから、患者が体験発表を通じて赤裸々に自己を反省し懺悔する姿こそ、治療の本質であると見抜いていました。そして、より効果的な治療法を模索しているうち、ついに集中内観に出会い、創始者である吉本伊信に手紙を書きました。一九七五年のことです。

面識のない吉本伊信から、大量の資料が送られてきました。手はじめに看護師の男性を吉本伊信のもとに送り、集中内観を体験させました。その看護師は、それまで抱いていた自分の人生は不遇だという思い込みを解消することができました。家族に対する感謝の気持ちが生まれ、不平不満が消えてしまいました。申し訳ないという気持ちが湧いてきて、ものの見方が一八〇度転換しました。

人生観が大きく変わっただけでなく、それまでずっと調子が悪かった腰の具合まで改善したそうです。その後、竹元隆洋はじめ病院職員が多数集中内観を体験しています。竹元隆洋が行なったアルコール依存症患者へのアンケート調査によると、集中内観によって自分の醜さを知ることができ、反省心が生じたことで、断酒の継続が可能になった患者が多かったそうです。竹元隆洋は後に日本内観学会会長を務め、現在も臨床の第一線で活躍し、内観療法の普及、発展に貢献しています。

さて、内観療法の特徴は、患者が抱く諸々の感情をいっさい取り扱わないことにあります。面接者は三つのテーマに沿って面接し、患者の語る過去の事実を聞くことに徹するわけです。したがって、内観療法に関しては、施療者と患者の基本的な関係のあり方を踏み外さない限り、だれもが面接者になることができます。創始者の吉本伊信は、集中内観を体験した者であればだれでも面接者になることができると述べています。なお、集中内観においては、一週間のあいだ、患者が接するのは面接者だけですから、それだけでもきわめて濃厚な関係性が生じます。当然、患者は面接者に対してさまざまな感情を抱き、内観の三つのテーマからはずれていろいろ相談したくなるものです。しかし、内観療法においてはそれは受け付けません。患者の心にそういった思いが生ずることは認めるものの、それは三つのテーマからはずれているわけですから、正しい方向に軌道修正させなければなりません。そのあたりのさじ加減はむずかしいものがありますが、それこそが集中内観の面接者に課せられた役割ですし、面接者が集中内観を体験していなければならない理由もそこにあります。

ところで、日本で開発された精神療法は二つあります。内観療法と森田療法です。この二つの精神療法は、よく似た側面があります。内観療法も森田療法も患者の悩みそのものは取り扱いません。患者が抱えている症状に対しても不問に付します。反対に、異なっている点もあります。森田療法ではただひたすら行動を実行することが求められるのに対して、内観療法では、ただひたすら記憶を想起することが求められます。行動あるのみという立場が森田療法であり、記憶想起あるのみという立場が内観療法です。このような特徴を持つ森田療法と内観療法を併用することで、高い治療効果が得られることが知られています。神経症で悩んでいる患者の場合、まず、内観療法を体験することで内省的な心が芽生えます。そして、森田療法によって目的本位の考え方が身につきます。両者の相乗効果によって人格の変革が促進され、治療効果が増大するとされています。

第2章

内観療法とはなにか

内観療法の歴史

内観療法の創始者である吉本伊信（一九一六〜八八）は、奈良県に生まれ、信仰心の厚い家庭環境に育ちました。彼自身も青年期に悟りを求め、浄土真宗の一派に伝わる「身調べ」と呼ばれる修行をしました。それは妥協を許さない厳しいものであったそうですが、悟りに到達したとき、嬉しくて嬉しくて笑いが止まらず転げ回って喜んだと吉本伊信は述懐しています。吉本伊信のこの体験が、その後の内観療法の原点になったことは言うまでもありません。なお、内観療法において三つのテーマを想起することを「調べる」と呼びますが、それはこのような歴史的背景に由来しています。

吉本伊信はみずからの体験をもとに、いっさいの宗教性を排し、だれもが実践可能な自己探求法を模索した結果、内観に到達しました。内観療法の原型は一九四〇年にできあがり、一九四三年には内観という名称が用いられています。この内観という用語は吉本伊信が作ったものです。現在では、精神療法として用いる場合は内観療法と呼び、その他の場合は単に内観あるいは内観法と呼ぶことが多いようです。なお、江戸時代の白隠禅師が唱えた内観の法と混同されることがありますが、それとはまったく関係がありません。

相手の立場から自分を見つめるという基本的な形式は、当初から一貫していますが、現在のような「してもらったこと」「して返したこと」「迷惑をかけたこと」という三つのテーマに沿った面接形式は、当初まだ確立されていませんでした。精神療法としての学術的な認知も、まだ十分なされていませんでした。吉本伊信は一九五三年、奈良県大和郡山市の自宅に内観研修所を開設し、内観実習者を受け入れるようになりました。開設当初は年間四〇名程度の内観実習者が訪れています。その後生涯にわたって一日の空白もなく内観者を受け入れていますから、生活のすべてを内観療法に捧げた人だと言えます。またこの頃、少年刑務所や少年院の篤志面接委員を委嘱されています。

三つのテーマに沿って過去を調べるという形式は、一九六五年頃に確立されました。創始者である吉本伊信は、試行錯誤の末、この形がもっともシンプルでわかりやすく効果的であると判断したのです。折しもそれに呼応するかのように、精神療法としても認知されることとなり、医療の領域においては内観療法と称されるようになりました。吉本伊信のもとを訪れる内観実習者数も急増し、一九六〇年は年間一〇二名にとどまっていたのが、一九六五年以降は年間三〇〇名を越えるようになっています。なお、それから現在まで形式はまったく変更されていません。

「してもらったこと」「して返したこと」「迷惑をかけたこと」というきわめてわかりやすい形式が確立されたことによって、内観療法は汎用性を有することになり、更生界や教育界はもとより、精神療法としての適用も拡大していきました。それまでは、吉本伊信の個人的活動の域にとどまっていた内観が、だれにとっても実践可能なものになり、また治療効果に関しても、科学的な視点から検討されるようになりました。

一九七八年に、内観療法に関するはじめての学術団体として日本内観学会が設立されました。設立に至ったきっかけは、吉本伊信の健康問題でした。指宿竹元病院院長の竹元隆洋が吉本伊信のもとで二度目の集中内観を体験していた最中に、吉本伊信が脳梗塞で倒れました。幸い一命はとりとめ回復しましたが、竹元隆洋は、内観療法を吉本伊信の個人的な名人技にとどめてしまっていては、このすぐれた治療法がいずれは途絶えてしまうのではないかと案じました。そこで、当時四天王寺女子大学助教授であった三木善彦（後に大阪大学教授）に呼びかけ、日本内観学会の設立にこぎつけました。日本内観学会が設立されて一〇年後の一九八八年、吉本伊信は七二年に渡る生涯を閉じました。吉本伊信が開設した内観研修所は、大和内観研修所と名称を変え、現在は真栄城輝明が引き継いでいます。また今では、国内外に多くの内観研修所が開設されています。

ところで、日本精神神経学会という、精神科医のほぼ全員が加入している学術団体があります。この学会が定める精神科専門医ガイドラインでは、内観療法、森田療法および認知療法について正しく理解していることが求められています。このように内観療法は、数ある精神療法のなかで、日本精神神経学会から認知された希少な精神療法です。日本内観学会が設立されていなければ、あるいは設立が遅れていたなら、これほどまでの高い評価は得られなかったはずです。

内観療法は、近年欧米にも普及しています。とくにヨーロッパにおいては、青山学院大学教授の石井光の努力によるところが大きいのですが、麻薬などの薬物依存からの回復や、刑務所における更生において大きな効果をあげています。その影響はヨーロッパにとどまらず、最近では南アフリカの刑務所でも更生プログラムに内観療法が組み込まれたそうです。石井光の講演を録音したカセットテープが、『欧米人の和解』（内観研修所発行）というタイトルで市販されています。石井光の功績は、内観療法の適用範囲が通常の神経症にとどまらず、ＰＴＳＤ（心的外傷後ストレス障害）や虐待からの回復支援にまで広く及ぶことを立証したことです。

石井光によると、ヨーロッパ人には内観療法の歴史的背景に対する先入観がないため、仏教国であるわが国よりも導入がスムーズだそうです。また、ヨーロッパ人には恩という言葉の概念がないため、内観療法による気付きが新鮮で、その分内観が深まりやすいそうです。逆にわが国では恩という概念があるために、そういった言葉を用いることで反省したような気持ちになってしまったり、言葉でごまかしてしまう危険があるそうです。内観療法は、あくまで三つのテーマを機械的に思い出すだけであって、けっして恩義を感じることを求めるものではありません。しかし、日本人が内観療法の説明を受けると、親に対して無理矢理恩義を感じなければならないような、儒教的な価値観を押しつけられるのではないかと錯覚してしまうことがあります。ヨーロッパから逆輸入される形になれば、そのような不安や抵抗は完全に払拭されるものと思われます。

内観療法の定義

内観療法のすべての要素から、絶対的ではないものを取り除いていくと、最後に残るものが三つのテーマです。したがって、この三つのテーマに沿って過去を想起する枠組みからはずれさえしなければ、ほかの相違点はバリエーションの範囲内にあるとして、すべて内観療法と呼んでもよいのではないかと考えます。集中内観という仕組みは、それをより効率的に実行するための舞台装置であり、絶対的なものではありません。

つまり、原法を変えてよいところと、変えてはならないところがあるのです。「してもらったこと」「して返したこと」「迷惑をかけたこと」の三つのテーマだけはけっして変えてはならない点です。この三つのテーマはあまりにも単純とも言えますが、内観者を自己反省と愛情発見に導く力を持っています。いったん内観をはじめれば、本人は気付かなくても、すでにその方向に向けた変化が心のなかに生まれているのです。したがって、内観療法とは三つのテーマに限局して記憶想起を試みるものである、と定義できます。定義が単純であるということは、汎用性が高いことを意味します。内観療法は医療の領域にとどまらず、教育、福祉、介護など、さまざまな領域での適用が可能です。それぞれの領域で直面する課題に対して、内観療法は一つの解決策となりうるのです。

ところで人によっては、三つのテーマのなかの「して返したこと」という表現に抵抗を感じるかもしれません。「して返したこと」という表現には一定の価値観が含まれていますから、むしろ単純に「してあげたこと」と言った方が表現が適切であり、抵抗なく自己を見つめる作業に取り組むことができると感じる人もいるかもしれません。想像力が豊かで、内観療法の立場を肯定的に受け入れられる人の場合には、「して返したこと」で問題がないのですが、そうでない場合には、より公平な表現である「してあげたこと」に変更してもかまいません。いずれにせよ「返す」という表現は、その前に「もらう」行為があったこと、すなわち人から恩を受けたことが前提となっています。この表現にも表わされているように、内観療法は、対人関係におけるプラス、マイナスの評価を下すことであり、棚卸しに喩えられることもあります。厳格にチェックした結果、人から世話になりっぱなしであることに気付くのが内観療法の目的なのです。

「迷惑をかけたこと」については、他者からの一方的な視点から反省を求められていると受け取られる危険性があります。したがって、内観者の想像力のレベルによっては三つのテーマから削除して、最初は「してもらったこと」と「してあげたこと」の二つに絞っても十分効果があります。ある程度内観が軌道に乗ってから、「迷惑をかけたこと」を追加しても遅くはありません。

一方、患者も治療に協力する義務があります。精神療法を受けるにあたって、治療に協力するということは、その療法が唱える治療仮説を受け入れることを意味します。患者が治療仮説を治療者と共有することができなければ、十分な治療効果を得ることはなかなか困難です。患者の悩みを解決する手段として内観療法を提案しているわけですから、想像力を駆り立てて、その療法の拠って立つ考えにみずからを追い込む努力が求められます。もちろん、不承不承に集中内観に突入したとしても、三つのテーマがそれなりの気付きに導いてくれるかもしれませんが、内観療法の考えを十分理解したうえで治療を受ける方が望ましいことは、言うまでもありません。内観療法が自己反省法であるからといって、本当に反省が必要かどうかを個別に議論する立場はとりません。たしかなことは、今ここに悩んでいる人がいて、その唯一の解決策が内観療法であるということだけです。患者は内観療法の立場を受け入れることによって、はじめて悩みや苦しみから解放されます。

さて次に、集中内観の面接者に求められることは、三つのテーマに沿って面接を行なうことです。内観面接では、内観者が想起した三つのテーマを、ただ聞くということに徹しなくてはなりません。他の面接法を併用すれば、それは内観療法とは言えなくなります。内観療法である以上は、面接者からの発言は極力控えなければなりません。内観者が他者の視点に立つことができていない場合のみ、それを正しい方向に修正するための助言が許されます。もちろん、内観療法に関する研究からは、面接者が重要な役割を担っていることがわかっていますが、面接者はただ聞くだけに徹し、とにかく内観者が三つのテーマに没頭できるように気を配らなければいけません。

そうは言うものの、面接者は挨拶や相づちなども含めて、実際はかなり濃厚なメッセージを発しているものです。面接者自身はなにもしゃべっていないつもりであっても、内観者は強力なメッセージを受け取っています。そもそも、面接者は内観者に対して最大限の敬意を払っていて、その心情は内観者に十分伝わっています。これは内観への意欲を高めるために重要なことです。ですから、それ以上面接者と内観者の関係を接近させることは必要ではありませんし、好ましくもありません。内観者から話しを聞いてもらいたいと求められても、それを受け入れてしまっては内観療法の原則から逸脱してしまいます。面接場面においては、内観者の語る内容に解釈を加えることも禁物です。もちろん、だからといって視線も合わさないような中立的な面接を行なったとすれば、内観者はあっけにとられてしまいます。いずれにせよ、いかに言語的コミュニケーションを控えたとしても、面接者が与える影響はきわめて大きいものがありますから、とにかく三つのテーマを中心にした面接を心がけていれば、それで十分だということです。

一方、日常内観に目を移すと、これは面接者の存在なしに個人で行なうものです。ただし、日常内観の内容をノートに記録し、それをあとで医師や教師に読んでもらったり、ノートにコメントを書き込んでもらうことがあります。一般にノート内観と呼ばれています。この場合、ゆるやかに内観療法が継続されているとはいうものの、医師や教師の役割は、集中内観における内観面接者の役割とは本質的に異なりますから、コメントを加える際に励ましたり誉めたりすることや、多少の解釈を加えることも許容されます。この方法は、病院はもちろんのこと、学校教育でもよく取り入れられているものです。自分の内観ノートを読んでもらえたということが喜びにつながり、日常内観を継続していこうという励みになります。

最近では身体内観といって、人物を対象とするのではなく、自分の身体について内観する方法が注目されています。親仁会みさき病院（福岡県大牟田市）の医師高口憲章が提唱しているものです。

高口憲章は、変形した膝の痛みに苦しんでいる患者のケースを紹介しています。その患者は膝の具合の悪さに悲観的になっていました。そこで、自分の膝について内観してもらったところ、これまでの膝の重労働と貢献に対する感謝の気持ちが湧き、また膝に無関心であったことに罪悪感を感じました。その結果、膝の痛みに対する気持ちに変化が生じてきたのです。また、膝を大切にする気持ちが生まれ、きちんと整形外科にも通院するようになり、上手に痛みをコントロールすることができるようになったそうです。

自分の大切にしている持ち物について内観してみるのも、思いのほか効果的です。中年の独身女性のケースです。彼女は一所懸命働いて貯めたお金で、以前からとても気に入っていた車を買いました。ところが追突事故に遭い、車の一部が壊れてしまいました。修理して外見は元通りになったのですが、大事にしていた車が傷物になってしまったということで、大人げないほど落ち込み、外来に来るたびに診察室で泣き続けていました。仕事を辞めたいとまで言いだしたので、車について日常内観をしてもらうことにしました。その結果、「車は大きな傷が入ったにもかかわらず、痛いとも言わず今までどおり私を乗せてくれている。私はこれからまだなん十年も生きるだろうけど、車は残りせいぜい十年の寿命しかないだろう。車はこれからだんだんと壊れていくだけの運命なのに、自分の運命を受け入れて不平も言わず私を運んでくれる。それなのに私がこんなに泣いていてはだめだ。これからは今まで以上に車を大切にして、丁寧な運転を心がけたい。動かなくなるまで、最後まで車に付きあってあげたい」と内観してくれました。彼女自身の人生上の課題を象徴するような内観でしたが、その後彼女はうつ状態から回復しました。

厳密な内観療法ではありませんが、入院患者との面談で、生活史聴取に併せて内観のテーマを取り入れることも試みる価値があります。軽いアルコール嗜癖があり、はっきりとした理由もなく数年来職場放棄を続けている三十代のサラリーマンが入院してきました。入院当初はうつ病を疑って抗うつ薬の投与を試みましたが、まったく薬物療法に反応がありません。常に不機嫌で、医師との会話も好まず、いつまでたっても退院できないでいました。うつ病を否定しきれなかったので、とくに内観パンフレットを読ませることもなく、内観テープを聞かせることもありませんでした。そのうち面談の話題が尽きてきたため、生活史の再聴取を行なうことにしました。生活史を聞き出しながら、そのなかに内観療法の三つのテーマに関する質問を目立たない形で挿入してみました。面談の雰囲気は相変わらず淡泊なものでした。そのうち外泊したいと言うので許可したのですが、家に帰るなり奥さんの前で土下座し、これまでの行動を懺悔したそうです。奥さんが驚いたのはもちろんのことですが、医師も驚きました。その後、この患者は朗らかになり態度も素直になりました。なによりも目つきが優しくなりました。まもなく退院し、真面目に出勤するようになりました。この患者の治療では、内観という言葉すら用いていませんが、おそらく三つのテーマが患者を導いてくれたのだろうと思います。

集中内観の概要

内観療法のもっとも基本的な形式は、専門施設に一週間泊まり込んで行なう集中内観です。創始者である吉本伊信が、奈良県大和郡山市内の自宅を内観研修所として一般に開放し、そこで実践してきた形式です。この形式が内観療法の原法と見なされています。現在、内観研修所は全国各地に設立されていますが、どこもこの原法をできるだけ忠実に再現するための努力を払っています。原法がきちんと継承されているからこそ、バリエーションを許容する余裕も生まれてきます。どのような領域で取り入れられるにしても、それぞれの事情に応じてなんらかの修正が加えられることは致し方のないことですが、吉本伊信が実践してきた原法については正しく理解しておく必要があります。

集中内観とは、名前のとおり朝起きてから晩寝るまで、集中して三つのテーマだけに没頭することです。それを一週間続けます。早い人は、三日目あたりで大きな心的転回が見られますが、多くの場合どうしても一週間近くは必要になります。はじめの数日はなかなか思い出せず、焦るばかりで内観が深まりません。そもそもこの作業自体本当に意味があるのだろうかという疑問が生じたり、実生活のことが気がかりで内観が上の空になってしまったり、一週間がとにかくとても長く感じます。しかし、途中から内観が軌道に乗ってくるにつれてストレスを感じなくなり、すすんで過去を回想しようという前向きの姿勢が生まれてきます。

まずは母親について調べますが、そのあとはいろいろなやりかたがあります。くり返し母親について調べてもかまいません。治療方針からあえてそのように指示される場合すらあります。一般的には、母親について調べ終われば次は父親について調べます。人間関係を中心とする社会適応のあり方には、両親との関係がとても大きな影響を与えており、そこに治療のヒントが隠されています。母親や父親との関係が整理されることによって情緒が安定し、社会性が身につき、ひいてはさまざまな神経症的なとらわれからも解放されることになります。両親について一とおり調べ終わったら、もう一度両親について内観することが望まれます。そして、その後、配偶者、兄弟、友人、上司など、自分の周りの人たちに対象を広げていけばよいと思います。ただし、両親に対する内観はとても大きな意味がありますから、少なくとも母親についてだけでも三回は内観すべきです。

内観面接は二時間おきに行なわれます。面接者が内観者のもとに出向き、「この時間、だれに対するいつの自分を調べてくださいましたか」と問いかけますので、「だれだれに対する、いつの自分を調べました」と答え、続いて「してもらったことは……です」。「して返したことは……です」。「迷惑をかけたことは……です」と答えていきます。想起したことすべてを答える必要はありません。思い出した出来事を一つだけ答えます。話したくない内容は自分の心のなかにとどめておくべきです。内観はあくまで自分自身の心のなかの作業であって、面接者に伝えることが目的ではないからです。面接者は他にも大勢の内観者に面接して回るわけですから、数分で話し終えることが望ましいのです。

三つのテーマを思い出す方法ですが、小学校の低学年から調べはじめて、中学年、高学年、中学校、高校というように、だいたい二、三年刻みに現在まで調べていくことになります。大人の場合にはそれで良いのですが、若者の場合にはもっと短期間で区切ることも可能です。大学生の場合、一年刻みに調べていってもなんら支障はありません。

ここで確認しておかなければならないことがあります。集中内観ではあくまで事実をただひたすら思い出すことが求められているのであって、反省的な気持ちになることが目的ではありません。内観が深まった結果として、反省に至るのです。内観者に求められていることは、過去の出来事について可能な限り思い出そうとする姿勢です。とにかく、ただひたすら機械的に記憶想起に徹する姿勢が大切です。いずれにしても二時間おきに面接者が回ってくるのですから、そのときなにも思い出せませんでしたと答えるわけにはいきません。ときには、一時間後にやってくることもありますから、早くなにか一つでもエピソードを思い出さなくてはと必死になります。そうするうちに自然に内観が軌道に乗ってくるものです。面接者は傾聴するだけですが、その存在は、内観を深めるためには重要です。

集中内観の一週間は、それまでの日常生活から遮断された状況下で行なわれます。外部との交流はいっさい閉ざされます。日常性から遮断されることは、治療的になにか深い意味を持つようです。ちなみに、わが国で生まれた森田療法においても、第一期は絶対臥褥《がじょく》期と言って、一週間終日臥床することが求められます。森田療法ではただ臥床するだけで一週間過ごすのですが、そのあいださまざまな雑念が生じ、リラックスしたくてもリラックスできないそうです。煩悶即解脱と言って、この状態が治療的に意味があるそうです。集中内観でも、一週間静かな狭い空間に身を置いて過ごすあいだに、過去の記憶に意識を向けようとしてなかなか集中できないもどかしさを感じ、とくに前半には煩悶状態に陥る人もありますから、この点で両者にはどこか通じるものがあります。

集中内観における日常性の遮断とは、このような精神的な効果をもたらす物理的な状況であるだけにとどまりません。内観研修所のなかで、内観者が非日常的な扱いを受けることも意味するのです。日常生活においてはただの人、あるいは患者という立場にすぎませんが、いったん内観研修所に入ると内観者という立場に変わります。内観者は内観研修所においてはもっとも大切にされる存在です。内観が深かろうが浅かろうが、いっさい関係ありません。内観しようとする姿に対して、絶対的な敬意が払われます。面接者は崇めるような気持ちで内観者に接し、最高のもてなしを提供します。原法においては面接者は正座し、内観者に対して合掌し、額が畳に付くまで深々とお辞儀します。この面接様式は必ずしも集中内観における必須の条件ではありませんが、面接の前後には自然に合掌し深くお辞儀をしてしまうものです。

集中内観の期間は原則一週間です。吉本伊信の内観研修所では、日曜日の午後から日曜日の午前までの七泊八日を基本としていました。施設によっては六泊七日のところもあるようです。なぜ一週間なのかという点についてですが、内観の深まり方を調べてみると、一週間あたりで一つのピークがあることが知られています。吉本伊信はそのことについては多くを語っていませんが、経験的にそのように判断したのだろうと思われます。

内観研修所での生活

集中内観の効果を高めるために、視界と行動範囲が、ゆるやかではありますが制限されます。原法では屏風を立てて、部屋の四隅に内観者が座る空間を作ります。屏風で囲われたせいぜい一メートル四方の空間で、一週間過ごすことになります。六～八畳の部屋の四隅に四人座ることができます。内観研修所が開設された一九五〇年代は、わが国の家屋の多くは和風でしたので、内観者に殺伐とした思いをさせることなく、風情ある方法で空間を仕切るとすれば、当時としては屏風を用いることが至極当然であり、内観者にもごく自然に受け入れられたはずです。

しかし最近では、屏風に違和感を感じる人がいるそうです。古臭いとか宗教的な臭いがするとか、どことなく抵抗を感じるそうです。内観に対して誤った先入観を持っている可能性もありますが、とにかくそのような場合には屏風にこだわることなく、それに変わる方法で視界と行動範囲の制限ができれば、それで十分です。刑務所の独居房のなかで、壁に向かって集中内観した人もいます。また、日常内観が良い例ですが、その気になればどこでも内観することができるものです。

ヨーロッパ人には日本人のような先入観がないので、むしろ東洋的なイメージを醸し出す屏風を好むようです。ドイツのタルムシュテット内観ハウスのホームページを見ると、建物は美しい和風建築で、部屋のなかを格子模様の屏風で仕切り、内観者は床に座って内観しています。内観療法のような瞑想的な精神療法は、どこか東洋的な色彩を帯びている方がヨーロッパ人には好まれるようです。

さて、内観者はこのように、仕切られた空間に身を置きます。そのとき、どのような姿勢でいてもかまいません。内観療法の目的は、過去の事実を客観的に想起することですから、眠ってしまわない限りどのような姿勢でもいっさいかまいません。勘違いして正座する人がいますが、内観は座禅ではありません。男性ならたいていの人はあぐらをかいています。服装もラフな格好でかまいません。そして、朝六時から夜九時までただひたすら内観を続けます。一週間屏風のなかで過ごすことは、中年以降の人にとっては肉体的に結構大きな負担を伴いますが、体調をくずしたという例はあまり聞いたことがありません。むしろ体調が良くなったという話をよく耳にします。

屏風の外に出ようと思えば、いつでも出ることが可能です。屏風の隙間からほかの仕切りの様子をうかがうこともできます。同室者の面接中の声も、内容までは聞き取れないものの聞こえてきます。著者が集中内観を体験した際も、同じ部屋に大学生と専門学校生と小学生がいることだけは、自然にわかりました。日常生活から遮断されているとはいえ、庭からやかましいほど蝉しぐれが聞こえてきましたし、車の騒音もよく聞こえました。

内観者は、トイレ、風呂、洗面以外は屏風のなかで過ごし、屏風に向かってただひたすら過去を思い出す作業を続けます。二時間たてば面接者が回ってきます。ときには予想していたより早く来ることもありますから気が抜けません。一、二時間で昔のことを思い出そうとしても、そう簡単に思い出せるものではありません。面接が終わった瞬間は少しほっとしますが、次の面接までの時間が短く感じられます。屏風のなかで自責的な気分に浸っているような余裕などありません。せっぱ詰まった心境にあるということは、我を捨てていることを意味します。

食事は、面接者が膳に乗せて運んできて、「お食事です」と屏風のなかに差し入れてくれます。食事をしながらも内観を続けることが求められますが、一日中内観をしているので、食事は息抜きができる時間です。いっさい間食をしていないので腹が減っており、食べる喜びを実感します。真心込めて作られた食事によって、元気がみなぎり、またがんばって内観を続けようという気持ちになります。食べたあとの膳は、屏風の外に出しておけば面接者が下げにきてくれます。このとき、自分の食べたあとの食器を洗うのは、面接者の家族なのだということを意識させられます。

食事中、スピーカーから館内放送が流されます。内観者の抱えている問題に合ったようなテープが選ばれるので、ときには自分と同じ境遇の人の内観を聞かされることになります。これによって自分の目標がイメージできることはもちろんのこと、面接者が自分に気を使ってくれていることに気付き、ありがたい気持ちになります。

著者が体験したときは、数日経過した時点で、内観者全員が二階に集められました。吉本伊信は、大脳の断面図を手書きで描いた大きな絵を持ち出して、人間の心と体の関係について解説し、なぜ人は反省しなければならないのか話してくれました。このように吉本伊信は、内観者の意欲を高めさせるためにさまざまな工夫を取り入れていました。

入浴は毎日できます。風呂は一般家庭用のものです。吉本伊信の内観研修所には常に三〇人ほど内観者がいましたから、午前中から順番に入浴しても、割りあてられた入浴時間の前後では他の人と一緒になります。ですから、軽く汗を流す程度の入浴です。

夜九時になると、屛風を皆で片づけて布団を敷きます。他の内観者との会話は規則上厳禁ですから、皆黙々と寝る準備をします。朝早くから休みなく頭脳労働をしてきたので相当に疲れており、蒲団に入るとすぐに眠れます。朝は五時に起きます。布団を片づけて部屋を掃除し、屛風を出して自分の場所を作ります。すぐに内観をはじめないと、面接者が回ってきます。著者が集中内観したときは、吉本伊信と交替で青年助手が面接に来てくれました。その青年助手が、現在富山県で北陸内観研修所を開設している、長島正博です。長島正博は、長いあいだ吉本伊信と生活をともにしていましたから、現在吉本伊信の原法をもっとも正しく理解し継承している人です。

著者が集中内観を体験したとき、五日目に、吉本伊信から「これから面接の仕方を教えてあげるからついてきなさい」と言われ、後ろから面接の様子を見させてもらいました。吉本伊信は、屛風の前に正座して合掌し、両手をついて額が畳に付くまで深々とお辞儀をし、その後「おじゃまします」と声をかけて屛風を開き、再び合掌してお辞儀をします。そして、「この時間、だれに対するいつの自分を調べてくださいましたか」と問いかけます。内観者が話し終わると、「次はいつの自分を調べてくださいますか」と尋ねます。最後に、「ありがとうございました」と合掌し、両手をついて深々とお辞儀をし、屏風を閉め、その後もう一度合掌とお辞儀をしてその場を去ります。吉本伊信の内観面接を間近で見させてもらったのですから、今にして思えば特別の機会を提供してもらったことになるのですが、そのときはのんきな気分で吉本伊信のあとをついて回ったように記憶しています。吉本伊信は、人をそのように安心させてしまうような、どこかひょうひょうとした雰囲気を持った人でした。それからは、毎日一、二回、それぞれ一〇人程度面接させてもらいました。

一週間の集中内観が終わると、最終日の午前中に座談会を行ないます。内観者が一堂に会して、集中内観を終えた感想を語りあうのです。これには多くの意味があるとされています。それまでの一週間は、だれとも口をきかず、面接者とだけ、しかも三つのテーマに関してだけしか会話できません。しかも、会話といっても一方的に自分が語るだけです。一週間の終わりになって、面接者と内観者全員が揃い、はじめて発言する機会がめぐってくるのです。内観者は各自気付いたことについて語り、今日から先の行動についての決意を述べます。そのあと解散します。

内観が深まるプロセス

内観研修所の門をくぐり、部屋に通され、屏風のなかに座った直後は、救われたような安心感に満たされた心境になります。内観研修所全体が醸し出す雰囲気は、どこか懐かしく、なにも語らないもののすべてを見通しており、内観者をやさしく受け入れてくれるものがあります。また、それまでの日常生活が切迫したものであっただけに、煩わしさから逃れ、一息つくこともできます。このまま永久に過ごせたらどんなに良いだろうかとさえ思えます。

しかし、いざ張り切って内観しようとすると、三つのテーマに沿って調べることは結構大変な作業だと気が付きます。有り体に言って、内観研修所を訪れる人は善人です。悪人ではありません。昔のことはよく思い出せるのですが、ではその一つ一つのエピソードについてどの点を捉えれば「してもらったこと」や「迷惑をかけたこと」になるのか、自問自答しながら検証していく作業が大変なのです。そのときの親の置かれた状況はどうであったのだろうかということまで、深く立ち入って読み取るだけの想像力が求められます。記憶をじっくりと掘り下げて、なにが「してもらったこと」であり、なにが「迷惑をかけたこと」であったのかを見つけるためには、静かで邪魔の入らない環境と、十分な時間が必要なのです。

少しずつ内観の要領がつかめてくると、今度は残りの日数を数えて、気が遠くなるような長さに圧倒されます。なかには内観に没頭できない人もいます。集中内観の効果に疑問を抱いたり、過去の嫌な記憶へのこだわりが生じたり、仕事のことが気になったり、一人で座っていることに虚しさを感じたり、ありとあらゆる雑念に襲われがちです。しかも、屏風によって行動範囲が制限されていますから、いくら自由な姿勢で過ごせばよいとはいうものの、一日中狭い空間内で過ごすことは精神的にも肉体的にも苦痛を生じます。しかしそうこうしながらも、面接をくり返していくうちに少しずつ内観が進んでいき、今ここで内観をやめて帰ってしまってはなんにもならないではないかと考え、集中内観への決心を再確認するようになります。

このように、集中内観の初期の段階から、いきなり内観を深めることは、多くの場合むずかしいものです。しかし、急ぐ必要はないのです。屏風のなかは自分だけの空間です。他人の目を気にする必要はいっさいありません。狭くほの暗い空間は、安らぎを感じさせます。屏風の内側には、「三つのテーマをくり返し調べましょう」と書かれた紙が貼られています。顔を上げれば自然にそこに目が行きます。そして三つのテーマに沿って、子供の頃の思い出を探っていきます。二時間おきに面接者がやってきて想起した内容を話すというパターンにも、すぐに慣れます。同じパターンをくり返すことで、安心感を覚えます。

それまでは過去を振り返る余裕がなかったために想起することもありませんでしたが、母親との思い出というものは、多くの場合、嫌なものではありません。だからこそ、母親について内観する機会を得たことを、貴重な体験として受け入れることができるのです。過去の出来事を思い出せば、そのときの感情が戻ってきます。終わってしまった出来事にすぎないのに、今まさに再体験しているような錯覚にとらわれます。「してもらったこと」や「迷惑をかけたこと」に気付くということは、ありがたいと感謝し、申し訳ないと悔悟することを意味します。愛情に気付くことを内観療法では「被愛事実の発見」と呼んでいます。このようにして内観は次第に深くなっていくのです。

さて、内観を進めていくと、あまりにも多くのことをしてもらった自分、あまりにもなにもして返さなかった自分、あまりにも迷惑をかけた自分、という事実に次々と直面せざるをえないことになります。この気付きは新鮮で予想を超えたものです。このまま内観を深めていけば自分の病気は治るのではないか、なにか大きな気付きに到達できるのではないかという、漠然とした確信が芽生えてきます。こうした感情は自然に生じ、一度流れ出すと止めようがありません。ですから内観の深化に拍車がかかります。

屏風のなかで過去と向きあっていると、こうした感情はじわじわと増殖を続け、突然大きな盛りあがりを迎えます。それは新しい景色を見るような、不思議な感動を引き起こします。思い出しているという状況は同じであるにもかかわらず、隠し絵が見つかったように、一瞬にしてまったく異なった景色が見えてきます。親がまったく悪意のない素直な気持ちで自分に接してくれていたことがわかる瞬間であり、それを誤解していた醜い自分に気付く瞬間でもあります。そしてなによりも、そのことに気付くことができたということに対して、大きな満足感と喜びを感じる瞬間なのです。

これこそ、それまで抱えてきた不平不満から解放される瞬間です。生きる目的がなんであるのかはっきり自覚でき、目指すところに到達できたという満足感を覚えます。この感動的な体験は、感情の爆発や気分の高揚にまで発展します。ちなみに、このとき自覚する罪悪感は、うつ病や妄想に発展するような病的なものではありません。むしろ喜びに転換されうる性質のものであり、生かされている喜びを自覚することにつながります。

このような情動体験を通過することで、内観による気付きが人格の一部に取り込まれ、ゆるぎない信念が確立されます。情動体験は、さらに内観を深めていこうという意欲にもつながります。日常生活に戻っても、自動的に内観的思考ができるようになります。日常内観をより効果的なものにするためにも、一度は集中内観でこのような感動的な体験を味わっておきたいものです。

なお、このような情動体験は、気付きの積み重ねという、いわば理屈で追い込んでいった結果として得られるものでもありません。もちろん、三つのテーマを徹底的に追求した結果ではありますが、それだけでは説明しきれない現象です。突然にふわっと、見えている景色が反転するのであって、理屈で追い込まれていって耐えられなくなって降参するというのとは、ニュアンスが大きく異なります。屏風のなかでただ静かに回想するだけでも、そのような心境に到達することは可能です。

人格の変革と課題の克服

集中内観の体験によって刻み込まれた新たな人格には、永続性があると言われることもあります。しかし、なにか特殊な人格が形成されるというわけではありません。社会性を広く身につけた人格が形成されるのです。すなわち物事を内省的に捉える能力、信念を貫き通す精神力、仕事を行なううえでの集中力や持続力などが身につき、また敏感さがなくなります。そして、健康で伸びやかな心が復活し、コミュニケーション能力も向上します。とくに、親子関係に関しては、互いに自立できるようになります。ただし吉本伊信は、一度の集中内観で安心するのではなく、たえず日常内観を続けていかなければ、そのような変化はすぐに消えてしまい元の状態に戻ってしまうと警告しています。

集中内観でこのような人格が形成されるということは、わずか一週間で大きな動きがあったことを意味します。集中内観の経過をいま一度振り返ってみると、まずはあたかも荒海に漕ぎ出すような気持ちで自己を鼓舞する時期があります。そして、なかば諦めるようにして荒海に身を任せたとたん、気が付けば穏やかで静かな海上を漂っている自分がいます。そして、安心して内観に没頭していくにつれて、おぼろげながら見えてくる景色があります。それがなに物であるのか見極めようとして近づいていくうちに、突如として自分の置かれている景色が反転し、そこにまったく別の景色があることに気付き、なにが真実であったのかをはっきり認識することができます。それは悟りに近い体験であり、新しい人間観が獲得されたことを象徴するエピソードとして強く記憶されます。内観前の自分とは違う人間に生まれ変われたことを確信し、自分がこの一週間行なってきたことは正しかったのだという自信を持ちます。そして、集中内観をみずからの意志で選択したことに満足し、その後の日常内観への励みになります。

新しい人格を刻み込む最大の要素は、情動体験に代表されるような、視点が大きく変更される体験です。その気付きは新鮮で、いつまでも内観者の心に刻み込まれます。集中内観による気付きが日常内観と大きく異なる点は、それがある程度積み重ねられた時点で、すべてを超越した形で喜びに包まれた心境が一気に訪れることです。真実を得た喜びで、屏風のなかでは涙が止まらず、面接では嗚咽で声になりません。これまでこだわり続けてきた悩みなど、どうでもよくなります。

集中内観のすぐれたところは、ただ機械的に作業を反復していくだけなのに、あらかじめ仕組まれているかのように情動体験に到達できる点にあります。積極的に懺悔したいと思っている人であれば、正しく内観していくだけで、週の前半にはそういった心境に到達することができます。まさか反省する気にはならないだろうと思っていた対象人物に対しても、そういった心境が生ずることはよくあります。その場合には、余計に新鮮な感動が得られます。いずれにせよ、喜びと涙に包まれた新たな気付きに到達することによって、さらに内観を深めていこうという意欲が生じます。この体験を経ることは生まれ変わることを意味し、人生観が大きく修正されます。

もちろん、内観療法の本質は三つのテーマに沿って、淡々と過去を想起することにあります。その結果さまざまな気付きが得られるのであって、けっして情動体験のようななにか特殊な体験を目指すものではありません。しかし情動体験は、内観者にとってはまったく予期していなかったものであるだけに新鮮です。しかもそれは、けっしてうわべの感情レベルだけにとどまるものではありません。情動体験を経ることとは、集中内観のプロセスにおいて総仕上げの意味を持ち、人格レベルでの変革が達成され、生まれ変わることができたという感動の瞬間を経験するということです。今までのいびつな人格を粉々に破壊し、新たな適応的な人格を獲得すると同時に、過去の自分もありのままに受け入れ許すことができるようになります。吉本伊信は、この世に存在するあらゆる悩みは、内観によってすべて解決しうると断言しています。

ところで、このような情動体験に見舞われるのは、だれについて内観している最中であるかという点については、人によってさまざまです。普通に考えれば、母親に対しては多くの人が世話になったという思いを抱いていますから、母親についての内観のときが多いのではないかと想像されます。しかし、情動体験を経験した人に聞いてみると、そのときの内観の対象人物は母親以外の場合が意外に多いようです。それは、内観者が抱える課題が人それぞれ異なっていることを意味します。自分の抱える課題を象徴するのがだれであるか、内観するまでは気付かないため、その人物を対象にして内観すると、予想外の大きな気付きを得ることになります。

男性の場合、父親について調べているときに情動体験に達したという人が、とても多く見受けられます。人格の成長に必要な課題という視点から見ると、父親との和解はとても深い意味を持っています。父親との関係を克服するということは、その人が社会に適応していくためには必ず乗り越えなければならないプロセスです。また、若い女性の場合、弟や妹について調べているとき、もっとも感動したという人が大勢います。幼い弟や妹が自分に対してそんなにも純粋であったのかと気付き、姉として弟や妹を受容できるようになります。若い女性の場合、弟や妹とのあいだの葛藤をきっかけにして神経症が発病することが多いようですが、そこには母性の獲得という課題が横たわっています。弟や妹への内観は、若い女性にとって母性を獲得するプロセスに通じるものではないかと思われます。

なお、こういった情動体験に代表されるような気付きは、集中内観に特有の体験であるかというと、必ずしもそうではありません。たとえ日常内観であっても、真剣に内観することでよく似た心境に到達することは可能です。また、情動体験は集中内観における非常に重要な要素であることはたしかですが、それは特殊な体験ですので、あまりそのことに注目しすぎる必要はありません。集中内観の目的は、あくまで小さな気付きを積み重ねていって、結果として大きな気付きを得ることであって、それが劇的な心的展開によるものなのか、冷静にじわじわと得られたものなのかは、本来どうでもよいことです。情動体験に至らない人も大勢いますが、それはけっして内観が浅かったせいではありませんし、治療的に見てもなんら支障はありません。

そもそも、集中内観を再度体験する人の場合、情動体験を再現できる人はとても少ないことが知られています。北陸内観研修所の所長、長島正博によると、集中内観が二度目の内観者のなかには期待がはずれてがっかりする人が結構多いそうですが、結果的には現在抱えている問題の解決の糸口が見いだせたり、より高度な気付きが得られ、人生に対して意欲的になったりすることができるそうです。そして、集中内観が三度目以上の内観者は、直接的な問題解決というよりも、日常生活における平安な境地を求めて来る人が多いそうです。

内観の深さ

次に、内観の深さと治療効果との関連性について、考えてみたいと思います。内観の深さは、治療効果を判定する際に非常に重視されます。しかし、内観の深さについて語る場合、いくつかの問題点を整理しておかなければ、混乱を引き起こしかねません。

第一に、評価の客観性という点です。評価を下そうと思っても、なにをもって内観が深い、あるいは浅いという判断を下すのか、大きな戸惑いを感じます。これはあらゆる精神療法に共通の課題かもしれません。一見内観が浅いように見えても、実際は深いかもしれません。内観はあくまで内観者個人の体験ですから、外部の人間が正確に評価を下すこと自体、本来は不可能なことであろうと思われます。内観面接で語られた内容からはとうてい深い内観とは思えないからといって、ただちに内観が浅いと判断することはできません。どんなに大きな気付きであっても、それを言葉にして他者に伝えることは、非常に大きな困難を伴います。聞く側にとっても、それが取り立てて注目するほどのエピソードに映らないことが普通です。そもそも内観とは、普通なら見逃してしまうようなささいなエピソードのなかに真実を見いだす作業です。なかには、話し言葉の能力が極端に劣っている人もいます。ですから、深さを評価する場合には、慎重であるべきです。反対に、面接中に号泣したからといって、ただちに内観が深いと判断できないことは言うまでもありません。

第二に、内観者を評価するという発想自体、内観療法の思想と相容れないという問題があります。仮に内観が浅いと思われる内観者に出会ったとしても、それは、浅い内観者の姿を身をもって教えてくださっているのだと、感謝と尊敬の念をもって接するべきです。そもそも内観が浅いとか深いとかに関心を抱くこと自体、面接者として好ましい姿ではありません。しかし、だからといって内観の深さを客観的に評価する基準を示せないようでは、これまで実践を積み重ねてきた真価が問われかねません。吉本伊信は内観者の絶対的な受容を実践しましたが、同時に内観者の内観の深さについて非常に注目していたことも事実です。もちろん、内観の深さに注目するということと、興味本位に関心を抱くということは、本質的に異なります。吉本伊信は、内観の深さがどこでわかるのかと問われて、食後の器を見るのが一番早いと述べています。深い内観をすれば自ずと行動に現われてくるものだというのが、吉本伊信の経験から来た言葉です。

いずれにせよ、以上の二点を踏まえたうえで、内観の評価は慎重に下す必要があります。吉本伊信は一二段階で内観者を評定していました。

吉本式評定基準は次のとおりです。

無評定　来所したが内観せず。印象なし。
0点　指導者と話をするのも嫌う程度。
1点　宿を借りに来たとしか思えない程度。
2点　仕方なしに座っていた程度。
3点　指導者とちょっと話しあった程度。
4点　わずかながら内観らしい形になる程度。

５点　求道心はある。無駄ではなく、やらないよりはましな程度。
６点　だいぶ熱心。録音してもいいなあという例もある程度。
７点　ぜひ録音をとっておきたいほどの熱心さ。内観者と言える程度。
８点　とびきり熱心。優秀な内観者。
９点　まれにみられる模範的内観者。
10点　最高の内観者（まだ一人もいない）。

精神医学も科学の一分野として、実証的研究に背を向けるわけにはいきません。内観の深さを評価せずに、治療効果を論じることはできません。客観的な評価基準を定めることで、はじめて内観療法に関する臨床的研究が世間から評価を受けることができるようになり、それが社会的に認知されることにつながります。指宿竹元病院院長の竹元隆洋は、豊富な事例をもとに詳細な観察を行なった結果、独自の評定基準を示しています。-3点から+6点までの一〇段階の評価です。

竹元式評定基準は次のとおりです。

-3点　やる気がない。思い出そうとしない。
-2点　一応やる気はあるが思い出せない。
-1点　思い出してはいるが三つのテーマに沿っていない。

0点　三つのテーマに沿って思い出す。
1点　具体的に想起して、相手の立場から自己を見ることができる。
2点　自己像が変化する。自己を否定的に見ることができる。
3点　相手の気持ちに共感できる。他者像の変化と感謝の気持ちが生じる。
4点　他者からの愛を自覚し、自己の罪責感が強化される。
5点　他者像が拡大され、すべての人々からの愛とすべての人々に対する罪責感を自覚する。
6点　深い感謝と喜びが、勇気と自信に変容し、積極的姿勢が生まれる。

集中内観の早い時点で、この竹元式評定基準の0点が達成されていれば、とりあえずは合格と言ってよいのではないでしょうか。あとは次第に内観が深まっていくように思われます。

このとき面接者には、内観者を無条件に受容しつつ、同時に内観の深さに注目するという、一見矛盾しているような冷静な作業が求められます。これは、あらゆる精神療法に共通する課題です。患者に共感しつつ、同時に今患者の心でなにが起こっているのか評価を下すというのが、精神療法家に課せられた役割です。もちろん、内観者を評価している素振りを見せるようなことがあってはなりません。内観の深さを面接者にアピールしなければならないという心境にさせてしまっては、もはや内観は深まりようがないからです。

内観が深まるということは、それに呼応して人格が変革されることを意味します。したがって、人格に起因する反応によって症状が引き起こされているようなケースでは、内観を深めていくことで症状が軽快するはずです。神経症に代表されるような心因性疾患の場合、集中内観によって感動を得ることができれば、症状は劇的に改善するはずです。

問題になるのは、内観が浅いと判断された患者の症状は、改善されるかどうかということです。患者の場合、自己啓発目的の健常者とは異なり、病気という重い障害を抱えたうえでの内観になります。外見的にはあまり深くないように見えても、実際には深い内観である可能性は十分あります。患者のなかには、心が病んでいるために表現能力が低下している人たちがいることも事実です。あるいは、もともと表現能力が乏しいために病気になった可能性も否定できません。いずれにせよ、患者を評価する場合には、そういったさまざまな要素を加味する必要があります。

そのうえで、内観が本当に浅い患者は、集中内観によって症状は改善するのかどうか。これにはさまざまな研究報告があります。厳密な統計があるわけではありませんが、治療効果は必ずしも内観の深さに比例するものではないことが知られています。表面的で浅い内観に終始したにもかかわらず、その後症状が改善したり、行動面において良好な変化が現われてきたり、気分が朗らかになったり、医師と患者の関係が良好に転じたりなど、多くの効果が見受けられます。アルコール依存症の退院後の断酒率についても、内観が浅くても断酒が継続できるケースが相当数あります。このように、内観が浅くても症状が改善するケースはけっして珍しいことではありません。

ですから、結果としての内観の深まりが重要なのではなく、内観するという行為、すなわち三つのテーマに沿ってただひたすら過去を想起するという行為自体に、とても大きな治療的意味が含まれていると考えざるをえないのです。

第3章

内観療法をより深く理解するために

屏風で囲まれた空間

集中内観をより深く理解するためには、集中内観に特有な日常性の遮断という要素について、十分にその意味がわかっていなければなりません。内観研修所での生活は、日常生活から完全に隔離されたものです。いったん内観研修所に入ってしまえば、集中内観を終えるまで、屏風のなかの一メートル四方の空間で過ごすことになります。

ところで、わが国で生まれたもう一つの精神療法である森田療法にも、最初に絶対臥褥《がじょく》期と呼ばれる期間が設定されています。一週間、食事とトイレ以外は臥床して過ごします。日常性の遮断という要素においては、内観療法と森田療法は非常によく似た仕組みを採用しています。それをもって日本的と捉えることは性急すぎますが、わが国には禊《みそ》ぎという伝統的な考え方があります。禊ぎとは、一定期間一つの場所に籠もり、穢れを水で流し、身も心もさっぱりと祓《はら》い潔めるというもので、一種の通過儀礼でもあります。このようなことから、日常性の遮断という形式には、一見日本的な思想が反映されているようにも思えます。しかし、キリスト教においても、神との交わりを持つために世俗から離れ自然のなかに退く、静修《リトリート》という習慣があります。したがって、人類の普遍的な考え方として、人はあることに没頭しようとすれば、日常から離れるものであると言えます。

さて、日常性の遮断、とくに、生活空間を屏風で囲うことの意味を追究していくと、以下のようないくつかの重要な要素が浮かびあがってきます。

第一の意味は、防壁としての役割です。世間の諸々の刺激が、無造作に内観者の精神に侵入してくることを防ぎます。内観研修所に入るだけでも、日常生活で曝されてきた過剰な刺激から避難することができます。たえず混乱させられてきた環境から逃避することによって、気持ちを鎮め、じっくりとわが身を振り返る余裕が生まれます。これだけでも、精神生理学的には十分治療効果があります。集中内観を体験した人に聞くと、はじめて屏風のなかに身を置いた瞬間、言いようのない安心感に包まれたという感想が多く語られます。屏風に囲まれた空間は、ほの暗く静かです。日常生活で過敏になっている感覚を休めるには、最適な環境と言えます。また、他人の視線をいっさい気にする必要がありませんから、内観が深まって感極まった際には気兼ねなく泣くこともできます。

第二の意味は、自分のための場所を確保する役割です。ここから先は自分だけの空間であることを、みずからに言い聞かせ納得させる意味があります。屏風で囲まれるということは、内観者にとってはけっして制限を意味するものではありません。自分の過ごす場所が与えられたことを意味します。内観研修所に入るのは生まれてはじめてのことですから、なにをどうしたら良いのか手探りの状態で、不安や緊張に包まれています。そのタイミングで、「ここがこれから一週間あなたが過ごす場所ですよ」と部屋の隅を指定され、自分の場所を与えてもらえる。自分の場所が固定されているということは、安心感につながります。ストレスがいっさいなく、胎児に戻ったようだと感想を述べる人もいます。屏風のなかでは楽な姿勢で過ごせばよく、内観以外のことを考える必要もありません。内観研修所に来るまでの不安が消え、安心して思う存分内観に取り組もうという意欲が湧いてきます。

第三の意味は、屏風のなかは内観に励む場所であるということを、明確に意識させる役割です。屏風は、外と内とを明確に識別させ、屏風のなかではただひたすら内観に徹するものであるという、無言のメッセージが込められています。ちなみに、屏風の内側には「してもらったこと、して返したこと、迷惑をかけたことをくり返し調べましょう」と書かれた紙が、さりげなく貼ってあります。正面を向いて座り、顔を上げれば自然にその張り紙が目に入ってきます。内観者がすべきことはなんであるのか、視覚的にもたえず訴えかけてきます。

第四の意味は、外からの情報を遮断することによって、内面から生じる葛藤にあえて身を曝させ、そのなかですべてみずからの意志で決断させる役割です。そして最終的に、今やるべきことは内観しかないと内観者に決断させます。日常から隔離された生活は、精神的に耐え難いものではないかと想像する人がいます。実際、集中内観の前半には苦しいと感じる人もいますし、後半になって疲れを感じる人もいます。また、面接の合間には、家のことを思い出すものです。残りの日数を数えて、あとなん日したら帰れるのだろうかと計算したりします。なかには熱心に内観した結果、早い段階で情動体験に到達してしまい、残りの日々を持て余し気味に過ごしてしまう人もいます。内観研修所の一日はとてつもなく長いものです。このようにさまざまな雑念に苛《さいな》まれながらも、自分なりにできる限り内観に取り組もうとする姿勢こそ、内観者に求められる姿です。集中内観においては、内観した結果も大切ですが、葛藤を抱えつつ内観に取り組む姿勢はそれ以上に重要です。

途中で帰ってしまいたい気持ちになる人もいますが、自分で決めたことである以上、家族や主治医が待っているところにおいそれと帰るわけにはいきません。また、面接者からは誠に丁重に扱われ、同室の内観者もがんばっているのに、自分だけ離脱するわけにはいきません。かといって、自分の内観はいっこうに深まらず、いったいどうしたら良いのか判断できない状態に陥る人がいます。考えあぐねてたどりつく結論は、自分がやるべきことは内観しかないという、一種吹っ切れたような思いです。集中内観の一週間は、他者と会話することはいっさい禁じられていますし、当然外部との連絡も禁止されています。結局自分のことは自分で決めなくてはなりません。内観を続けようと再決心したら、あとはがんばって内観することができるものです。なお、雑念と闘いながら内観に取り組む様子は、森田療法に通じるものがあります。

第五の意味は、ゆるやかながらも感覚を遮断することで、記憶の想起を容易にさせる役割です。内観を深めるためには、ある程度静かで安楽な環境を用意する必要があります。そういった環境のもとで、同じ作業をくり返すことによって、徐々に集中力が高まっていくのです。与えられた三つのテーマに対して、より没頭することができます。時間経過とともに記憶の再生が容易になり、あたかも今体験しているがごとき鮮明さで甦ってきます。そのときの母親の表情や服装がはっきり思い出せます。さらにはそのときの天候や周りの景色など、細かいところまで思い出すことができます。

なお、屏風による感覚の遮断はゆるやかです。目の前の視界は遮られていますが、屏風の隙間から同室者の様子をうかがうことは可能です。明るさも仕切りの外よりはやや暗い程度です。屏風のなかは静かですが、外の騒音はよく聞こえます。同室者のわずかな動きや咳払いなども聞こえてきます。面接者が回ってくれば、同室者の内観面接の雰囲気も伝わってきます。また、楽な姿勢で過ごせばよいとはいうものの、眠ってしまうほど身体感覚が安楽であっては困ります。ときには背中や足が痛くなることもあります。このように、感覚の遮断とはいうものの、それはきわめて部分的なものにすぎません。

内観療法における反省とはなにか

内観療法は一種の自己反省法であるとされていますが、ここでは反省という意味について考えてみたいと思います。

悪いことをしたことを自己批判し号泣したところで、それはうわべだけの一過性の感情にすぎません。本人は気付いていないかもしれませんが、実は単なるパフォーマンスであったり、あるいは仕方なくそうしているにすぎないことすらあります。それでも、反省を求める側は、ほかに手段が見当たらないため、そういった態度を要求し続けるわけですが、本当に反省してくれたのだろうかという虚しさだけが残ってしまいます。そういうもどかしさは、正しい反省方法を知らないから生じるものです。私たちは、いくら反省したいと思っても、その方法を知らなければどうすることもできません。おそらく、いくら謝罪文を書いたところで、いくらお詫びの言葉を述べたところで、真に反省することはむずかしいものです。

内観療法は、正しい反省方法を提案しています。内観療法における反省という言葉の意味は、一般にイメージされるものとは異なっています。一般に反省と言えば、反省的な気持ちに浸っている状態を指しますが、内観療法においてはそうではありません。反省的な心境に至ろうが至るまいがそれは本人の勝手であって、内観療法はそのことに関心を持ちませんし評価もしません。むしろそのような姿は、反省を避けている態度であると見なすことすらあります。

逆説的な表現を用いれば、内観療法は自己反省法であるにもかかわらず、いっさい反省を求めません。あくまで、「してもらったこと」「して返したこと」「迷惑をかけたこと」という三つのテーマに沿って、ただひたすら過去を想起する行為だけを求めています。その結果、人は真に反省することができるのです。反省は結果にすぎません。反省心がなくても三つのテーマを想起することは可能ですから、結果として本当の意味で反省できるということなのです。想起されたエピソードを積みあげていった結果、あまりにも重い事実に愕然とし、そこではじめて真の反省心が湧いてきます。実際にそのプロセスを体験すると、反省するとはどういうことであるのかよくわかります。そもそも集中内観においては、過去のエピソードを想起することに専念せざるをえませんから、反省的な気分に浸る余裕などありません。

内観療法は自己反省法としてとてもすぐれたものですが、それを可能にしているものが三つのテーマです。往々にして、「申し訳なかった」とか「反省しています」とか、さかんに解釈を交えて語る内観者がいますが、面接者はそのような言葉を期待しているわけではありません。自然にそのような言葉が出てくることまで否定するものではありませんが、内観療法はそのような言葉を求めてはいません。そのような言葉だけが先走って、三つのテーマがおろそかになっているとすれば、それは反省する態度ではありません。内観者に反省する気持ちがないということです。深く反省するにはどうすれば良いかと言えば、とにかく三つのテーマに沿ってただひたすら事実を思い出そうと努力することです。多く思い出せようが出せまいが、反省する気持ちが湧こうが湧くまいが、そのようなことはどうでもよいことです。三つのテーマに沿って、真剣に過去を想起している態度こそが、内観療法においては反省している姿であると判断されます。

内観者に求められることは、とにかく「してもらったこと」「して返したこと」「迷惑をかけたこと」について、年代別にはっきり答えることだけです。そのために必要なのは機械的に過去を想起していく行為だけですから、許せない人物に対しても反省することができます。このような内観療法の基本的な考え方を理解できる人であれば、だれでも抵抗なく内観することができますし、結果的に深く反省することができます。

内観療法における反省の意味を別の角度から見れば、自分本位を捨てるという要素が指摘できます。自分本位を捨てるということは、結果として相手の視点に立っているということです。自分本位を捨てられなければ、イメージのなかでいくら相手の立場を理解したとしても、真に反省することはできません。集中内観中の心のあり方は、なかなか思い出せないというもどかしさやいらだちを感じつつも、なんとか思い出そうとしている状態です。面接者がもうそろそろ回って来るというのになにも思い出せないときは、とても焦っています。そういった心のあり方自体が、自分本位を捨てた状態であって、本人は知らないうちに相手の視点に立っているということになります。なかなか思い出せないことに焦っている姿こそ、自分本位を捨てた態度であって、心のあり方としてもっとも大切なものです。表面上の反省心などはどうでもよいことであって、そのような無我夢中の心境に自分を追い込むことが大切です。

集中内観では、四六時中三つのテーマに沿って過去を思い出すことだけが求められます。内観者はできるだけ深く詳細に思い出そうと必死になります。そこには、一生懸命記憶想起に専念している姿があります。その瞬間は他者の視点に立って自己を見つめています。一時的ではあっても我を忘れた状態にあるということは、自我のとらわれから解放されていることを意味しますから、そこに神経症の治療のヒントも含まれています。内省的な気分に浸っている状態に比べて、思い出せなくてもがき苦しんでいる状態は、心のあり方としてはより純粋です。エピソードを思い出した時点で反省が完了するのに対して、思い出そうと苦労している限りは反省が続いています。つまり、なかなか内観が深まらなくても、それで良いということなのです。

三つのテーマについて

内観療法の神髄は、「してもらったこと」「して返したこと」「迷惑をかけたこと」の三つのテーマにあることは、ここまでくり返し述べてきました。

具体的なテーマを三つだけ指定することによって、内観者にポイントを明確に提示することができ、内観に集中しやすくさせています。なお、呼び方については、他にも「三つの考察」「内観三項目」「内観三主題」などと呼ばれることがありますが、著者が集中内観した一週間のあいだ、吉本伊信の口からは「三つのテーマ」という呼び方しか聞きませんでしたので、本書においてもそのように統一しています。

どのような対象人物であっても内観することは可能ですが、通常は母親からはじめます。その理由は、いちばん関係が深い人物からはじめるのが普通だからです。また、いきなり深い内観ができる人は少ないので、まずは思い出しやすい母親から内観してやりかたのこつをつかむという、いわば予行演習の意味もあります。なお、子供の頃に母親と離別した人であっても、内観することは可能です。内観療法を肯定的に理解することができ、通常の想像力を備えている人であれば、母親との交流が途絶えていても母親からしてもらったことは必ず見つかりますし、母親に迷惑をかけたことも必ず見つかるものです。

しかし、絶対に母親からはじめなくてはならないという決まりはありません。いきなり父親からはじめようが、恨みを抱いている人物からはじめようが、十分内観することは可能です。母親について思い出したくない事情があれば、母親に代わる人物からはじめることになります。患者のなかには、母親に対して相反する《アンビバレントな》根深い感情を抱えている人がいます。しかも、そのこと自体、現在の症状の原因となっていることもあります。そういう人がいきなり母親について内観すると、混乱を引き起こしたり自己嫌悪に陥る危険性がありますから、導入は慎重であるべきです。そもそも、そういう人は内観療法に対して強い抵抗を示します。したがって、内観療法の導入までにあらかじめさまざまな方法によって、母親に対する感情をある程度整理させておく必要があります。十分気持ちが整理できた時点で、なぜ母親について内観するのか、今後に向けた展望のなかで十分な意味付けを行なっておくことが求められます。

また一般的に、内観したくない相手についてまで、内観することを求めることはできません。内観するかしないかは、本人が決めることです。ただし、三つのテーマの意味を正しく理解していれば、そういう相手についても内観することが十分可能です。内観者には、想起したことについて一定の価値判断を強いるようなことはありません。家計簿を付けているようなもので、入金と出金を調べる作業と同じですから、作業自体にはいっさいの私情は加味されません。どんなに嫌な親であっても、親からなにかしてもらったことがない人はいません。親として当然の行為であったとしても、してもらったことはしてもらったことです。親として当然かどうかという価値判断は、求められる作業には含まれていません。求められるのは、してもらった事実を事実として受け止めることだけであって、それを本人がどう評価しようが自由です。ですから、どんな相手についても内観することが可能なのです。

ところで、「して返したこと」について確認しておくべきことがあります。して返したことがなかなか見つからなくても、しっかり思い出して答えなければなりません。あえて「～をして返した」という形で答えることで、自分がいかになにもして返していない人間であるのか、身にしみてわかります。かっこう良く、「して返したことはなにもありません」とさらっと投げ捨てるように答える人が案外多いのですが、これはそういった理由から好ましくありません。きちんと調べる態度が求められます。必死で思い出した結果、自分は母親になにもしてあげていない事実に気付くのであって、はじめから調べようともせず、して返したことはなにもありませんと答えるのは、意地悪く言えば内観を馬鹿にした態度だと言えます。ですから、どんなちっぽけなことでも、「して返したこと」としてきちんと答えなければなりません。「自分から言うのは恥ずかしくらいつまらないことですが、お母さんの肩をたたいてあげました」と、恥ずかしさに耐えながら答えたとしても、面接者は、「この人はそんなつまらないことを自慢げに答えて、なんと情けない人だろうか」などとはけっして思いません。むしろ、「して返したことがなにもないことに気付いてくださった」と思うはずです。

三つのテーマは、それぞれにかける比重という点で異なっています。均等に時間を配分するわけではありません。「してもらったこと」と「して返したこと」にそれぞれ二割、「迷惑をかけたこと」に六割の比重をかけることとされています。これは事情によって変更されることがありますが、一般的にはそのように理解しておくべきです。「迷惑をかけたこと」については、より深く探求するために「嘘をついたこと、盗んだこと」「親が自分にかけた養育費の計算」「アルコールに費やした合計金額」など、具体的なテーマが指示されることがあります。吉本伊信は、「嘘をついたこと、盗んだこと」をとくに重視していたようです。

なお、患者のなかには、「迷惑をかけたこと」について想起することが困難であったり、大きな抵抗を感じる人がいます。迷惑をかけたという事実を冷静に受け止められるだけのバランス感覚が、まだ十分回復していない患者に、いきなり大きな比重をかけて想起させることは避けるべきです。また、「迷惑をかけた」という概念には、状況に対する一定の価値判断が加わっており、相手に対して感情移入できてはじめて言えることです。想像力が十分備わっていないような患者には、非常にむずかしいテーマだと言えます。そういった理由から、患者に集中内観を導入する場合には、はじめは「迷惑をかけたこと」をテーマから外し、「してもらったこと」と「して返したこと」に限局して想起してもらう方が良いこともあります。この二つのテーマであれば事実だけを想起すればよいので、内観を淡々と進めていくことができ、結果的に望ましい効果が得られます。

　ところで、三つのテーマのなかには「迷惑をかけられたこと」が入っていません。過去の対人関係における事実を客観的に調べるのですから、本来は「迷惑をかけられたこと」についても想起する必要があります。しかし、内観療法においては、「迷惑をかけられたこと」については想起しないことになっています。もし内観者が「迷惑をかけられたこと」について話しはじめれば、それは内観ではなく外観であると指導されます。「外観」という用語はありませんが、一般にそういう言葉を用いています。しかし、なかには面接中にいくら指導されても、ますます外観がエスカレートしていく人がいます。その場合、「内観ができないのなら帰ってください」とも言いづらいですから、ある程度仕方なく聞かざるをえません。いずれタイミングを見計らって、正しい方向に修正することになります。

「迷惑をかけられたこと」がテーマから除外されている理由は、第一に、人はだれでも迷惑をかけられたことは絶対に忘れないからです。集中内観の場でなければ思い出せないようなものではありません。そもそも、集中内観を受け入れた人は、自分が変わることで苦しみから解放されたいと願っています。相手をいくら怨んでみても、相手が反省するわけではありません。相手は痛くも痒くもないのですから、自分が変わることしか苦しみから解放される手段はありません。過去にこだわりだれかを断罪しても、それを続ける限りは、本人は苦しみから解放されることはありません。内観療法の立場を受け入れることで、はじめて楽になることができるのです。

一方、別の理由からも、「迷惑をかけられたこと」については語らせるべきではありません。ある人にとっては、「迷惑をかけられたこと」は心的外傷体験として深く記憶に刻み込まれています。それを語らせることは、記憶のなかに収まっていたものをあえて解凍し、今再び体験させることと同じ意味を持ちます。過去の嫌な出来事を忘れることができなくて苦しんでいる人に、あえてそれを再体験させることなどもってのほかです。ますます被害者的になり情緒不安定に陥ってしまいます。それはけっして好ましいことではありません。そのような人は、過去を怨んでいるのではなく、嫌な記憶を打ち消すことができなくて苦しんでいると考えるべきです。「迷惑をかけられたこと」をしっかりしゃべらせればすっきりするという考えは、この場合間違っています。三つのテーマに限定して、あるいは「してもらったこと」だけに限定してでも、愛情を確認する作業に徹してもらう方が良いと思います。くり返し被愛事実を確認することではじめて救われる人がいることを、十分認識しておく必要があります。

人は恨みに縛られ、そのために苦しんでいます。恨みを消すために内観しようと思ったとすれば、その人の心にはすでに自分の人生と和解したいという思いが芽生えていることを意味します。恨みを抱く人物について内観したところ、たった一週間で長年に渡るわだかまりが氷解することがあります。なぜそうなるのかと言えば、少ないかもしれないけれどもしてもらったことがあるという事実、そしてそのことに今まで気付かなかったという事実に気付くからです。傷ついた過去を消し去ることはけっしてできませんが、克服することは可能です。たった一％の愛情に気付くことができれば、残りの九九％の不幸の歴史から人は立ち直ることができます。そして、心の健康を取り戻し、新しい人生を歩みはじめることができます。内観しなければ、そのような心境に到達することはなかなか困難です。

自己を語るということ

わが国には、古《いにしえ》より言葉には魂が宿るという「言霊信仰」がありますが、語るという行為には特別の意味が含まれています。

集中内観においては、面接者に対し自己を語るという行為が求められます。日常内観の場合には、三つのテーマについて頭のなかで想起するだけでよかったのですが、集中内観においては、それをあえて面接者に向かって語るという特別の作業が加わります。語るという行為によって、それまで理性のフィルターを通して観察していた記憶が、感情を伴ったものに変換されることになります。感情を伴うことで内観はより深まっていきます。なぜ感情が伴うかと言えば、語ることによって、記憶の段階にとどまっている事実をその場で再体験するという効果があるからです。

一週間かけて語り続けることは、被愛事実をくり返し再体験することを意味します。それは、事実に基づいたものであるだけに説得力があります。過去の不幸な記憶を消すことができなくて苦しんでいる人は、愛された事実をくり返し再体験することで、はじめて心の安定を取り戻すことができます。面接者に向かって語る理由は、再体験した事実に立ち会い、その事実を保証する存在が必要だからです。面接者はこの面で、立会人としての役割を担うのです。内観者は、いまだ十分確信しきれない被愛事実を、立会人の前で一週間かけてくり返しくり返し体験します。そして、記憶という曖昧な事実を、真実として強く確信することができるようになるのです。

なお、学校教育などでよく用いられるノート内観は、それを点検する立会人としての役割を担うのが教師です。この場合、口で語る言葉を文字という視覚的情報に変換しているのであって、内観面接に近いものがあります。教師に読んでもらい確認してもらったという保証があることで、子供は安心して内観した内容を事実として受け入れることができます。

くり返し述べてきたように、集中内観は強力な人格変革効果を有しています。たった一度集中内観しただけでも、その後の体験様式や行動様式は集中内観の体験に強く拘束されます。そのような変化は、内観的思考を休みなく一週間続けたからだというだけでは十分に説明しきれません。集中内観の特徴は、なんといっても言葉を声にして発するという行為、すなわち語るという点にあります。声に出すことで、語る内容に付随する感情がより増幅されます。そのうえ、面接者に向かって語るわけですから、非常に強い浄化《カタルシス》効果が発生し、感情の爆発につながります。面接者に向かって語った事実は心に強く刻印され、その後の生き方に大きな影響を及ぼします。語ることではじめて人は生まれ変わることができ、新しい人格を獲得することができます。

なお、集中内観の終わりには内観者が一堂に会し、集中内観で得た気付きを語りあう座談会が設けられます。参加者は集中内観を終えたばかりですから、気分が高揚しており、自己を語りたくて仕方がない心境にあります。集中内観中は面接者に向かってだけ語っていたのが、総仕上げの座談会においては見ず知らずの人たちに向かって語ることになります。そこで語った決意は強く心に刻まれます。

とにかく、語るという行為には、思った以上に大きな意味が含まれているということです。語ることは一線を越えることを意味します。語るという行為によって、それまでの自分から新しい自分に生まれ変わることができます。面接者に向かい赤裸々に自己を語り決意を語ることによって、それまで自己を正当化するために必死でしがみついてきた古い殻を打ち壊し、再生することができます。集中内観は、適応的でなかった人格を解体し、新たに適応的な人格を注入するプロセスと見なすことができます。もちろん、それはあくまで本人がそうありたいと願って内観に取り組んだ結果であって、けっして他人から強制されるようなものではありません。

内観によって獲得される人格は、高い適応能力を身につけています。けっして陰気であるとか、抑制的であるとか、服従的であるといったような、不健康なイメージのものではありません。むしろ以前より、朗らかで、活発で、正義感が強くなります。集中内観によって徹底的に懺悔した結果、赦されたという安心感から他者が恐くなくなり、親しみを持って他者と接することができるようになります。主治医に対しては、尊敬の心を持ちながらも安心してなんでも話せるような、フランクな気持ちになれます。ただし、集中内観によって獲得される新たな人格は、人それぞれであって、特定の価値観を押し付けられ、だれもが一律の人格を形成するわけではありません。スポーツ選手が内観すれば新たなスポーツ観が得られ、宗教家が内観すればより高い宗教的境地に到達でき、医師が内観すれば新たな医療思想に目覚めることができるのです。

父性原理と母性原理

内観療法の治療構造には、父性原理と母性原理が共存しているとされています。

父性原理とは、厳しさという意味です。たしかに、集中内観をやり抜くためには、厳しい要素がなくては達成は困難です。

しかし、父性原理という言葉はとかく誤解されがちです。父性原理とは、第一義的には、内観者がみずからに厳しくあるべきだという意味に理解できます。三つのテーマが自然に導いてくれるとはいうものの、自己を罪深い者として位置付けることができなければ、なかなか内観は深まっていきません。そのような立場に一度自己を追い詰めるだけの厳しさが、内観者自身には求められます。それが父性原理という言葉の意味するところだと思います。

一方、父性原理と母性原理の共存ということの意味を、面接者が優しさと厳しさの両面で内観者に接することだと捉えてしまっては、それはあまりにも短絡的な考え方です。面接者は徹底して受容的であるべきです。柔和な表情のなかに厳しい顔が見え隠れしているようでは、内観者は混乱してしまいます。また、あるときはやさしく、あるときは厳しくというように、態度を使い分けられては、どれが面接者の本当の姿なのか、内観者にはわからなくなってしまいます。

面接者に求められるものは、内観者にどこまでも付き添っていくという姿勢です。唯一、面接者に父性原理が求められる場面があるとすれば、内観者がみずからと厳しく対峙しようとしている最中においてのみです。内観者が自己のもっとも醜い部分に直面しようとして、ややもするとくじけそうになり、面接者に一緒になって戦って欲しいと感じているときです。たとえば、飲まず食わず寝ずの覚悟で内観に取り組んでいるような、特殊な状況が想定されます。内観者がそのように助けを求める気持ちになれるのは、それまで面接者が絶対的な受容を貫き通していたからに他なりません。内観者がそこまで自己を追求する体勢になっていない時点で、面接者が父性原理を体現することは混乱を招くだけです。そもそも、内観者が要領をつかみ自力でどんどん内観を深めている状況においては、面接者はことさらに父性原理を体現する必要はありません。

ところで、集中内観の初期の段階では、ついつい関係ないエピソードを報告したり、自己の視点から他者を論評するような外観に陥ってしまいます。あるいは、ある程度内観が進んだ段階でも、中身を伴わないままに謝罪の言葉を口にするなど、いい加減に息抜きをしてしまうこともあります。また、情動体験に到達すると、それに満足し、その後は気が抜けたような内観になってしまうこともあります。面接者には、そのような状況を見落とさない厳しい観察眼が求められます。そして、タイミングを逃さない適切な指導が求められます。しかしそのような場合でも、否定的で厳しい助言は避けるべきです。「それは外観というものですから三つのテーマに戻りましょう」と諭《さと》すとか、同じ境遇の人でがんばって内観した人の話をするとか、「嘘と盗み」のテーマを与えたり、「養育費」や「アルコールに使った金額」を計算させるなど、建設的で具体的な助言を与える必要があります。こうした指導も、面接者が発揮すべき父性原理と言えるかもしれません。

　面接者は私生活においても父性原理の実践者です。吉本伊信夫妻の内観一筋の生活は、とても厳しいものでした。夫妻は自宅で内観者の世話をしているわけですから、常に気が抜けません。面接を休むわけにはいきませんし、食事の支度を休むこともできません。旅行はおろか二人で外食に出ることもできません。こういった吉本伊信夫妻の内観を追求する厳しい態度は、内観者に伝わり内観への励みとなります。

　さて一方、内観療法には母性原理も存在します。集中内観のあいだ中ずっと、心の込もった食事の提供、毎日の風呂の準備、蒲団の提供など、内観者が快適に過ごせるようにあらゆる心配りがなされます。生活面において、苦痛を強いるような要素はいっさい排除されます。面接場面においても、面接者は内観者に対し絶対的な敬意を払い、内観者の語る内容すべてを受け容れます。

集中内観において息抜きは許されませんが、実際に片時も気を抜かず内観に没頭できる人はいません。それができる人なら、そもそも内観など必要としないでしょう。途中で気持ちがゆるんだからといって、ただちにそれが否定されるものではまったくありません。苦しみつつも、なんとかして内観を続けていこうという姿こそが大切であり、むしろそこにこそ意味が見いだされるからです。そういった思いに揺れながらも、ともかく内観しようとしていることに対して、面接者が絶対的な受容という、いわば母性的な態度で接してくれるからこそ、だれにも言えないような自分の醜い部分に直面できるし、安心してそれを告白することができるわけです。すべてが赦されているという体験は、とても大きな勇気と心の安定をもたらします。

面接者に求められる態度は、内観が深かろうが浅かろうが、内観者のすべてを受け入れる姿勢です。面接者は屏風の前で正座し、合掌したあと、額が畳につくまで深々とお辞儀をします。屏風を開いて再び同じ動作をくり返します。面接においては、正座して内観者の話に耳を傾けます。内観面接を終えると合掌し、深々とお辞儀して屏風を閉めます。その後さらに同じ動作をくり返します。一度の内観面接において、四回合掌とお辞儀をくり返し、内観者を敬います。吉本伊信は、「内観が浅い人は、身をもって浅い姿を教えてくださっているのですから、その尊い姿に感謝しなければなりません」と述べています。病院で内観する場合も同じです。それまで仮に、医師の側に患者を下に見るような傲慢な姿勢があったとしても、いったん集中内観がはじまれば、患者を無条件に敬う姿勢が医師には求められます。このように徹底した受容によって内観者は救われ、内観を続けていく励みを得ることができます。面接者の絶対的受容こそ、内観療法の母性原理を体現するものです。

ところで吉本伊信の内観研修所では、吉本伊信夫妻も内観者と同じ屋根の下で暮らしていました。夫妻の家庭の営みのなかに、内観者を迎えることも含まれていたのです。夫の生き方に共感しそれを支える妻と、妻に感謝し頼りにしている夫がいる。平和であたたかい家庭のなかに包み込まれながら、内観者は内観に励むことになります。子供の頃の家庭を思い浮かべれば、母親がいて食事を作ってくれた記憶が蘇ってきます。その記憶と今自分が置かれている内観研修所の営みとが、どこかで重なってきます。吉本伊信夫妻の姿を通して、母親のやさしい姿や父親のあたたかい姿が見えてきます。吉本伊信は意図しなかったかもしれませんが、そこには内観者へのあたたかいメッセージが存在していたのです。

内観面接者のあり方

いかなる治療においても、患者が医師に対して信頼感を抱くことは当然必要なことですし、互いの信頼関係が成立しなければ治療になりません。精神療法の違いによって、医師と患者の関係のあり方は多少異なるかもしれませんが、基本的には医師と患者との相互信頼関係があってはじめて患者は治ります。

集中内観においては、面接者は三つのテーマに限定して聞くことに徹しているにもかかわらず、内観者とのあいだには深い関係が生じます。いっさいの解釈を交えず一方的に聞くだけというあり方は、内観者にとって非常に安心できる関係です。面接者のそのような受容的姿勢は、本当に自分のことを理解してくれている、あるいは受け入れてくれているという満足感や信頼感を生じさせます。

患者がもっとも望んでいることは、とにかく自分を理解してもらいたいということです。具体的な助言をもらうのは、それが達成されたあと、その次の段階であると感じています。理解を伴わない助言に対しては、患者は敏感に反応し強く拒絶するものです。内観療法の面接様式は、患者にとって自分を十分理解してもらえたと感じられるものなので、その後の治療的展開を良い方向に導く効果があります。

また、一般的な精神療法の場合には、患者のなかにはすでに自分で答えを持っていて、自己を納得させるために医師に語っているにすぎない人さえあります。したがって内観面接においても、あえて面接者が積極的に解釈を下す必要はありません。面接者がただ黙って聞いていてくれるからこそ内観者は落ち着いて話せるのであって、その都度解釈を加えられるとなると、常に予測不能な事態に直面させられることになり、混乱を引き起こしてしまいます。あるいは、自分のことを理解してくれていないと感じるかもしれません。

内観面接者になるための資格について吉本伊信は、集中内観を体験した人ならだれでもなることができると述べています。それは、実際に集中内観のプロセスを体験することで、内観者の気持ちが理解できるからです。そして、面接においては絶対的受容が大切であることや、三つのテーマに徹すればよいことを、体験的に理解できるからです。面接者と内観者とのあいだに三つのテーマを介在させることによって、両者の関係は適切な状態のまま維持することができます。このように集中内観の面接様式には、面接者が安心して面接に専念できるようなすぐれた仕組みが備わっています。

ところで、面接者と内観者は師弟関係であるかのような印象を抱く人がいますが、全体としての面接者のイメージはけっしてそのようなものではありません。面接者は謙虚な気持ちで内観者に接し、内観者の身の回りの世話をします。内観研修所における両者の交流は、そういった関係のもとに展開されています。集中内観をやり遂げたあとの面接者と内観者の関係は、友人にたとえられるような、穏やかで親密なものになっています。

なお、内観面接で語ったことは、書き言葉のように保存することができません。しゃべった端から消えていき、記録に残ることはありません。面接者は、内観者が懺悔した言葉をしっかりと聞き取り、内観者が勇敢に戦った事実を証明する唯一の存在です。内観者からすれば、自分が懺悔する様子をすべて見届けてくれた面接者は、いわば目撃者であり、生き証人として自分を認めてくれる存在でもあります。

内観者は、そのような面接者に見守られながら、集中内観に取り組むわけです。父親や母親に対する内観では、知らず知らずのうちに面接者というフィルターを通して両親を思い出しています。面接者のなかに自分の父親や母親の姿を見いだし、また知らず知らずのうちに両親の姿に面接者を重ねて見ています。集中内観は、過去の事実を客観的に思い出すだけの作業ですが、そこには自分のすべてを受容してくれる面接者の存在が必要不可欠です。内観者にとっての面接者は、そばにいるだけで心が洗われていくような、不純な気持ちを消し去ってくれるような存在です。面接者の前では、素直になることができます。面接者との穏やかな信頼関係の確立は、内観を深めることにおいてはもちろん、治療においても重要な意味を持っています。

面接者の存在がそれほどまでに大きく影響を及ぼしている以上、内観面接における基本的な約束事が、以下のようにいくつかあげられます。

第一に、面接者は、あくまで面接をさせていただくという謙虚さに徹することです。そして、面接者という立場にならせていただいていることを、内観者に感謝する気持ちを持つことです。

面接する際には、謙虚に内観者のすべてを受け容れる気持ちが必要です。自分の力で内観者を導いてやろうという考えは禁物です。また、内観者の言葉や態度が内省的であるかどうかについて注目することはあっても、興味本位に関心を抱くべきではありません。内観者が感極まって泣くこともありますが、そういったことを期待するようではいけません。内観を深めさせてあげたいという一心で、深まりを期待するような心境に陥ってしまうかもしれませんが、内観者を絶対的に受容する態度を貫いているなら、そういった状況には至らないはずです。仮に、面接者の心にそのような動きが芽生えたとすれば、言葉や態度には出さなくとも、たちまちにして内観者に伝わってしまいます。そうなってしまえば内観者は本来の作業を忘れ、面接者の顔色をうかがい、面接者の望むような振る舞いをただただ追い求めるだけになってしまいます。

第二に、集中内観の最中には、けっしてカウンセリングを併用しないことです。それは、内観療法の定義からはずれる行為です。熟練した面接者なら、一時的に集中内観から切り離してカウンセリングを行なうことは可能です。しかし、基本的にカウンセリングとは、医師と患者との関係のあり方を取り扱いながら、あるいは常にそれを意識しながら、行なわれるものです。それは、内観療法の基本的な仕組みとは相容れないものです。カウンセリングを併用すれば、内観者を混乱に陥れるだけです。集中内観では、内観者が一方的に想起し一方的に語るという、一見単調ですが内観者にとってはもっとも安心できる環境が提供されなければなりません。

もっとも、並行的にカウンセリングを行なったとしても、治療という視点から見ればなんら批判される筋あいのものではありません。しかし、それではもはや内観療法とは呼べません。集中内観という、生涯でたった一度しかないかもしれない貴重な体験の最中に、カウンセリングをやむをえず行なわなければならなかったとすれば、とても残念なことです。

集中内観後の医師と患者の関係

内観者は自分のなかにある醜い姿を追究し、それを発見できたことを新鮮な気持ちで語ります。そういった内観者の姿を見届けるのが面接者です。面接者は、ただ聞くに徹するという、一見杓子定規な態度を貫いているだけですが、内観者にとっては自分の懺悔を見届けて赦してくれる存在であり、自分を無条件で受け容れてくれる存在です。そういった存在である面接者に対して、内観者が深い感情を抱くのは当然の成り行きです。

集中内観後の医師と患者の関係は、それまでの関係とは大きく様変わりします。患者は医師を恐れるような態度を取らなくなり、親しみを抱くようになります。安心してなんでも自由に話せる、穏やかで安定した関係に変わります。徹底的に懺悔した直後ですから、患者には一片の後ろめたさもありません。自分に対してなんら言い訳する必要もない状態ですから、医師に対しても素直に振る舞うことができます。それまで医師に対して抱いていたどこか後ろめたいような感情もありません。医師に対する安心感が芽生え、素直に感情を発散させることができるようになります。自分がよくがんばったと思うことは、素直に「自分はよくがんばった」と自慢できますし、笑顔も自然です。あたかも子供が親に接するような純真な姿が、患者のなかに観察されます。このように、わずか一週間で医師と患者の関係が劇的に改善するのが、集中内観の特徴です。

ところで医師が面接者でない場合、すなわち病院から内観研修所を紹介されて集中内観を体験した場合でも、医師と患者のあいだに似たような関係が生じます。それは、面接者を通して医師の姿を見ているからだと思います。

よその内観研修所で集中内観を終えて、はじめて医師のもとを訪れたときの患者は、早く会いたかったと言わんばかりの様子です。問われるまでもなく、一刻も早く自分の内観体験を医師に伝えようと、息せき切って話し出します。内観体験を報告する患者は目が輝いています。内観中にこんな気持ちになった、予想外の展開があった、こんなきっかけがあった、帰って両親と感動的な再会をしたなど、とにかく夢中で語ります。

集中内観をやり遂げたことによって、晴れて体験者の仲間入りができたという思いが、患者のなかに芽生えています。体験者の仲間には医師も含まれます。集中内観という共通の体験を通して、治療する者と治療される者というそれまでの関係を卒業し、どこかしら仲間意識が生じます。安心感に根ざした親友関係にも匹敵するような、落ち着いた関係に移行します。とくに、主治医が若かりし頃に訪れたのと同じ内観研修所に行った場合や、同じ面接者に面接してもらった場合には、そういった仲間意識はなおさら強まります。

内観療法とは、自己と他者との関係について自己洞察していくものです。自己洞察には医師に対する気付きも含まれます。集中内観において特定の対象人物について調べている最中であっても、同時並行的に医師に対しても無意識のうちに内観しているものです。そういう意味からも、集中内観後の医師と患者の関係が安定したものに変化するわけを理解できます。通常の精神療法においては、医師が患者を理解するという一方通行の関係ですが、内観療法においてはそれに加えて患者も医師を理解するという、いわば双方向的である点が、ユニークだと言えます。

以上のような理由から、患者には医師と協調して病気を治していこうとする態度が生じます。自己を客対視し、症状を自分自身の問題として捉えられるようになります。また甘えがなくなり、病的な退行が防止できます。心に余裕が生じ、仮にパニックに陥ったとしても、ある程度時間がたてば自力で落ち着きを取り戻せるという自信が持てます。

このような変化は集中内観に特有のものではなく、日常内観においても見られます。あるいは、通常の精神療法に内観的な要素を取り入れるだけでも、似たような変化は生じてきます。集中内観のようにはっきりとした仕組みでなくても、年代をあらかじめ指示しておいて、三つのテーマを交えて面談を行なう方法を試みる価値があります。このような場合、あえて内観療法という用語を用いる必要はありませんが、そのようにして自分の過去を振り返り家族関係を見直すことに意味があるということを、患者は直感的に理解してくれます。そのような面談をくり返すうちに、患者は謙虚に自己を語るようになります。医師も自然に身を正して患者の話を聞き、面談のはじめと終わりに両者は深く礼をするようになります。内観的なテーマに沿った面接を行なうだけで、このような変化が生じるというのは不思議なことです。

第4章

内観療法を実践するにあたって

集中内観の導入

医師が集中内観を行なおうと決心した場合、あるいは、いずれ集中内観につなげようと思った場合、あらかじめ十分に手順を踏む必要があります。たとえ今が内観のタイミングとして望ましいという判断であっても、いきなり医師から集中内観の話を切り出されれば、患者は不安に感じるものです。たとえ医師と患者の関係が良好に維持できている場合であっても、集中内観とはなにをするもので、どのようなプロセスを経て、どのような結果を生じ、そのことが治療上どのような意味があるのか、そういったことを十分説明し納得してもらう必要があります。また、説明するにしても、患者の理解度を常に確認しながらでないと、集中内観に対して思いも寄らない誤解が生じていることもあります。体験者からすれば集中内観は良いものだとわかっていても、強力な人格変革効果を有している以上、それを勧める場合には丁寧な説明を試みる必要があります。

著者は、若い看護師を対象に、集中内観のイメージを調査したことがあります。集中内観が抱かれやすいイメージは、第一に「厳しい」というものでした。しかし、そのように受け取られたとすれば、説明が足りなかったと言わざるをえません。内観療法というものは、ほのぼのとあたたかい心境になっていくものです。たしかに、自己の対人関係のあり方を直視し、自己の至らなさを追究していくことにおいては、妥協を許さない厳しさがあることは事実です。しかし、あくまで本人が望んだうえで、そういった厳しさをみずからに課しているのです。他人から強制されるような性質のものではなく、本人はそのことに満足しています。内観が深まっていった結果、自然にそのような心境になったにすぎないのです。

集中内観とは、あくまで本人なりのペースで淡々と三つのテーマに沿って過去を想起するという、きわめて機械的な作業のくり返しにすぎません。日常内観の延長線上のものと理解してもらって差し支えありません。内観療法は三つのテーマを思い出すことだけを目指しているのであって、そこから導かれる気付きなどはどうでもよいことです。実際、思い出すだけで心が安らかになるというのが、内観療法の特徴です。不十分な説明によって患者の強いアレルギー反応を招き、せっかくの機会を失ってしまうことだけは避けなければなりません。

若い看護士が集中内観に対して抱くイメージは、第二に「重い」というものでした。たしかに、集中内観を体験するには、それなりの決心が必要です。日程をやりくりして一週間という時間を確保する必要もありますから、なかなか大きな決断を要します。しかし、集中内観が必要であることを理解すれば、そのようなことは現実にはさほど問題にはなりません。むしろ、内観研修所に行く日を心待ちにする患者の方が多いようです。

また、集中内観によって気付くものは、非常に重い事実です。しかし、それは結果としての気付きであって、はじめから重い事実に直面するわけではありません。とにかく、ゆったりした気持ちで過去を回想することを楽しんでもらえれば、それで十分です。なお、そのためには、日常内観という方法もあります。日常内観はきわめて気軽に取り組めるものですから、その効用についても医師による十分な説明が望まれます。

いずれにせよ、説明のためのキーワードは、三つのテーマに沿った記憶想起ということにつきます。結果としての反省を強調しすぎることは、誤解のもとになります。なお、医師自身の集中内観の体験談は、患者にとって集中内観への距離を大きく縮める効果があります。どのような思いから集中内観を決断し、実際体験したときの感想はどのようなもので、その後どのような効果があったのか、医師みずからが患者に語りかけることによって、患者は前向きに最終決断を下すことができます。

さて、集中内観の説明を受けて、きわめて意欲的にぜひ内観を体験したいと申し出る人は、案外大勢います。探し求めていたものに今やっと巡り会えた、というような反応が返ってきます。このような反応を見ると、人間というものは反省したがっている生き物ではないかと感じます。ただ、反省本能はあってもその方法を知らないために、悩みを解決することができないでいるのではないでしょうか。一度内観療法という方法があることを知ってしまえば、あえて強く勧められなくても、人は勝手に内観をはじめるものではないかと思います。すでにある期間治療を受けている患者の場合、今自分が悩んでいる症状とこれまでの両親との関係のあり方とが、本質的なところで深くつながっている可能性があることは容易に理解できます。これまでの自分の人生を、今一度じっくり振り返ってみるように提案されると、その意義についてはさほど違和感を覚えないものです。

しかし、積極的に集中内観を受け入れる患者ばかりではありません。とくに、両親とのあいだに根深い葛藤を抱えている患者の場合には、なかなか受け入れる心境に至りません。自分は悪くないのに、どうして内観する必要があるのかと問い返されることもあります。長年病気に苦しんで治療法を探し回っているにもかかわらず、内観による反省という、あくまで治療仮説としての視点すら受け入れることができなくなっている場合には、治療効果が得られないばかりか、もしも内観の途中で挫折したりすれば、自己嫌悪に陥り、むしろ逆効果です。

集中内観をより効果的にするためには、事前に感情の発散が十分なされていることが望まれます。とくに家族に対する否定的な感情や、自分の人生に対する納得できない感情は、集中内観の導入の障害になりかねません。青山学院大学教授の石井光の講演テープ『欧米人の和解』（内観研修所発行）を聞けば、集中内観導入に向けて内観者の感情を発散させていく様子がよくわかります。ユダヤ教徒でないユダヤ人女性のケースですが、この女性はどの集団に属してもそこにアイデンティティーを感じることができず、集中内観が始まってもそのことにこだわり、まったく内観になりませんでした。そこで、石井光はまず一日半かけてこの女性の不運な半生について徹底的に聞き、その後おもむろに「そろそろ内観をはじめてくださいますか?」と語りかけ、集中内観へ導入しています。結果的にこの女性は深く内観することができ、自分の運命との和解に至っています。このように、あらかじめ思いを十分語らせることで、浄化効果《カタルシス》が得られるだけでなく、面接者に対する信頼感も得られ、その後の集中内観を成功に導くことができるようです。

治療を開始してある程度の時間が経過した時点で集中内観を導入する場合、すでに医師と患者の関係が築きあげられているうえに、感情もある程度発散されています。治療の経過とともに親に対する見方に変化が生じており、自分自身の捉え方にもなんらかの問題があるのではないかと理解できる心境になっています。そういった治療の流れのなかで、自己を見つめる機会として集中内観を提案すれば、自然な形で受け入れてもらうことができ、ことさらに導入に難渋することはないように思われます。

書籍やテープを用いる

集中内観を導入する際の患者への説明には、具体的な方法を記載している説明書はもちろんのことですが、書籍やテープをはじめとしていくつかの材料を用いることになります。口頭による説明だけではなかなか全貌は摑みきれませんし、たとえ十分な説明がなされたとしても、患者に正しく伝わったかどうか定かではありません。材料を用いて説明することは、内観療法の治療仮説について理解してもらうことにもつながり、結果的に治療効果を高めることができます。よく用いられるものとして、内観案内のための小冊子があります。集中内観に関する全体像を理解できるように作られた読み物で、気軽に読み進めることができます。サイズも手頃で、ポケットに入れて持ち運ぶこともできますからとても便利です。とくに推薦するものとしては、『内観療法・自己理解と自己革新の方法』（三木善彦著、ヘルス研究所発行）と、『内観と医学』（竹元隆洋著、内観研修所発行）があります。どちらを読ませるかは、患者との相性を考慮する必要があります。

前者は具体的事例を盛り込みながら内観療法の全体像を説明するもので、どのような人でも抵抗なく読み進めることができます。内観療法に対して不安を抱かせない、明るい雰囲気で書かれています。自分も一度集中内観を体験してみようかという、前向きな気持ちにさせてくれます。同じ内容のものがビデオテープやＤＶＤで市販されており、実際に集中内観の触りの部分が体験できるように工夫されています。

後者は生きることの意味を問いかける内容です。真剣に自己を見つめ、反省しようと決心した人向けのものです。集中内観に取り組むにあたって、どのような姿勢で自己を見つめていくべきなのか、基本的な考え方を説いています。読み物としてもすぐれた作品ですから、目を通すだけでも人生の意味を考える良いきっかけになります。同じ内容でカセットテープも市販されていますから、通勤などの合間に聞くことができます。

患者はこのような小冊子を読むことで、集中内観の方法や考え方を詳しく理解することができます。本も多数出版されていますから、内観療法についてより詳しく学びたいという人には、じっくり読んでもらうことができます。集中内観する前に理屈でわかってしまうと、本当に深い気付きが得られないのではないかと危惧する声も、ないわけではありません。しかし、実際に集中内観を体験すれば、結局は大方の予想をはるかに越えた気付きに遭遇することになります。いくら本を読んで勉強したからといっても、それほど深く知ることはできませんから心配には及びません。むしろ、書籍を読み込んでいくことによって、内観療法の考えに共感することができ、集中内観の治療効果を高めることができます。一般向けの書籍は、吉本伊信の著書をはじめとして多く市販されています。

集中内観中の様子を知りたいのであれば、実際の場面を録音したカセットテープが数多く市販されています。内観面接のテープをあらかじめ聞かせるということは、模範的行動を示すという意味があります。また、内観者の懺悔の言葉は、それを聞いた人にも一種の浄化《カタルシス》効果をもたらし、集中内観への関心を高めることにつながります。集中内観の指導でもっとも大切なことは、正しいやりかたで内観させることですが、テープの聴取にはその点についても効果があります。正しく三つのテーマを思い出すことができれば、あとは自然に内観は深まっていきます。しかし、実際の様子を見たことがなければ、想像力がかなり豊かな人でない限り、最初はどのようにしたら良いのか戸惑ってしまいます。一度も模範を示さず、試行錯誤しながら正しい方法にたどり着かせるべきであるという考えは、一理ありますが現実的ではありません。

吉本伊信は、内観テープを聞かせることを非常に重視していました。内観研修所では、食事の時間などを利用して、一日のうちになん度も全館放送で模範的な内観テープが流されます。内観漬けになっている最中に、ちょっとした息抜きにもなるため、だれもが興味深く聞き入るものです。放送の最後に、「放送を聞いて、今のあなたの内観と比べてどちらが深いと思いましたか。この人に負けないようにがんばって内観してください」と吉本伊信が語りかけます。屏風のなかの内観者は、自分もテープのような模範的な内観者になりたいと思い、さらに内観に励もうという意欲が湧いてきます。

内観テープを聞かせるだけで、実際に体験しなくても気持ちが穏やかになり、適応レベルが向上することがあります。とくに、若い人に聞かせるとそのような効果が見られることがあります。自然に内観的な考え方が身につき、対人関係、とくに親子関係の改善につながるようです。自己中心的で未熟なパーソナリティの患者に、内観テープを聞いてもらったことがありました。その人の置かれた状況と同じ内容のテープだったので、その感想をぜひ聞いてみたいと思い、比較的軽い気持ちで聞かせてみました。すると、「先生が私に伝えたかったことがやっとわかりました。冷静に考えてみると、自分が変わらなければいけないんだと思えるようになりました」と感想を述べ、その後症状が軽快したのです。そこまでの反応は期待していなかったのですが、内観テープの効果に感心しました。「あなたは性格が未熟だから反省しなさい」と言えば角が立ちますが、「ちょっとこのテープを聞いてみてください」と言えばだれも腹を立てません。もちろん、だからといって内観しなくてよいというわけではありませんが、それほどまでに効果があるということも事実です。

なお、テープを聞かせることに慎重であるべき場合があります。患者のなかには、「良い子」でありすぎた結果、本来の子供としての自由な心を抑圧してしまい、そのためにさまざまな心身の不調にさいなまれている人がいます。親孝行が行き過ぎた結果、そのことが逆に障害となり、自分自身を窮屈にさせています。そのような人に対して自己を否定するようなテープを聞かせることは、あまり好ましくありません。場合によっては、医師に対する不信感を抱かれかねません。このような患者には、両親からの自立に力点を置いて説明することが望まれます。

内観療法の効果について研究したい人には、手はじめに『欧米人の和解』（内観研修所発行）と題されたテープから聞いてみることを薦めます。内観療法はわが国で生まれた精神療法であることから、東洋文化圏でのみ受け入れられる療法ではないかと誤解されがちです。しかし現実は、欧米人の方が文化的先入観がない分、内観療法の思想を素直に受け入れる傾向があります。このテープは、青山学院大学教授石井光の、ヨーロッパでの実践経験をもとにしたものです。悲惨な環境下で傷ついた人が、内観療法によってどういう気付きを得て、どのようにとらわれから解放されたのか、わかりやすく紹介されています。通常の精神療法では治療が困難であるようなケースばかり紹介されていますが、集中内観によっていずれも大きな気付きを得て立ち直っていく様子が示されています。どのケースをとってみても、現代特有の問題を象徴するものばかりですから、同じ悩みを持つ患者にとって非常に参考になるものです。

少年院の生徒の内観テープが、『懺悔の記録』（内観研修所発行）です。母親が貧苦のなかで金を工面して修学旅行に行かせてくれたこと、妹が弁当のおかずを分けてくれたことなどを思い出しています。実際にテープを聞かないことにはその臨場感が伝わってこないかもしれませんが、家族や教師からの愛情を発見することによって更生していく様子がよくわかるものです。

やくざの親分の内観テープが、『ユウシン』（全一二巻、内観研修所発行）です。刑務所内で、六週間、飲まず食わず寝ずで集中内観を行ない、見事に改心した話です。社会復帰してからは、なに事に対してても感謝の連続でした。どんな苦労も喜びと感じ、無一文からがんばり抜きました。いかなる逆境に対しても、それを喜びに変えていく姿は、思わず応援せずにはいられません。生きる目的を失った人や自己啓発目的の人には、ぜひ聞いてもらいたいテープです。なお、『ここに人あり――橋口勇信の人間脱皮』（石川栄之助著、内観研修所発行、一九八三年）という本のなかに、彼のことが詳しく紹介されています。また、吉本伊信とともに各地で講演し、二人の対談を録画したビデオテープも市販されています。

若い精神科医が集中内観したテープが、『医師』（内観研修所発行）です。重症の精神病患者を入院させたことを思い出しています。子供を病院に連れて行かれてあとに残された両親の寂しさについて、そのとき気付かなかったと懺悔しています。飲まず食わず寝ずで集中内観に取り組んでいますが、途中眠ってしまって面接で答えられない場面もあります。また、体が臭いを発しているので風呂に入りたいと申し出ると、吉本伊信が、「それは風呂に入っても消えませんよ。飲まず食わずで内観したら、そういう臭いが出てくるものです。私もそのような臭いが出てきたら、ああやっと内観が深まったなあ、と思ったものです」と答える場面もあります。

病院での適用

入院患者に集中内観を導入する場合、病院内で行なうということや、精神に障害を持った患者が対象であることなどから、吉本伊信の原法をそのまま踏襲するには困難な点が多くあります。しかし、原法どおり遂行できないから無意味というわけではありません。入院患者に対して行なう場合には、原法に固執することなく、患者の状態や病院の事情に応じた工夫が求められます。原法どおりでなくても十分効果が得られることは立証されています。

病院に入院中の患者への適用については、次の七点に配慮することが求められます。

第一に、場所の問題があります。とにかく、落ち着いて内観に専念できる空間の確保がもっとも大切です。病院のなかには集中内観のために特別に準備された病室を持つところもありますが、そのようなところは非常に少ないのが現状です。ほとんどの精神科病院の病棟は、集中内観を想定した構造にはなっていません。指宿竹元病院や三和中央病院などのように、集中内観のための設備を整えていれば理想的ですが、多くはハード面でさまざまな工夫をして集中内観を行なっているのが現状です。

病棟に個室があれば、そこで集中内観を行なうことが可能です。しかし、精神科病院の場合、個室というものはほとんどありません。大部屋で行なおうとしても、集中内観にとって重要な要素である遮断という条件をクリアーすることは、なかなか困難です。保護室が空いていれば、そこを集中内観の部屋として用いることは十分可能です。周囲が比較的静かであれば問題ありません。もちろん鍵をかけない状態で使用します。保護室があまり広くなくても、やはり一メートル四方を衝立かなにかで仕切ってあげる方が、患者は安心して内観に励むことができます。ここは集中内観のための場所であるということを、患者に十分意識してもらうことが大切です。患者の嗜好によっては屏風でなくてもかまいませんが、あまりにも風情に欠ける道具を用いたのでは、せっかくの集中内観なのになにかもったいない気がします。大部屋であっても、静かであれば、ベットの周囲を備え付けのカーテンで囲うことによって、なんとか条件を満たすことができます。人が部屋を出入りする程度の物音であれば、内観研修所の外の騒音と比較してもなんら問題はありません。内観療法の本質は、三つのテーマを思い出すことですから、それに専念できる環境を提供することが重要です。

第二に、内観者は入院患者であるということです。心身はまだ十分に社会復帰できる状態にはなく、精神状態はたえず変動していますから、健常者と同様に扱うことはできません。治療薬の影響も考慮しなくてはなりません。睡眠薬などの精神科の治療薬は、精神機能や身体機能に対しておおむね抑制的に作用しますから、思考力や集中力が低下します。健常者と同じレベルの内観を要求することは不可能です。患者は、やる気があっても、体力、気力がついてこず、いつも疲れやすい状態にあります。

このようなことから、患者を無理矢理に原法にあてはめることは好ましくありません。面接回数や日数などは、ゆるやかなものにする必要があります。二時間毎の面接間隔では、十分な記憶想起は困難です。面接間隔を長くとり、せいぜい一日四回程度の面接に条件をゆるめる必要があります。また、睡眠薬の影響が残っている早朝の面接は無理ですし、寝付きを妨げる可能性がある夜間の面接も好ましくありません。吉本伊信は、病院で集中内観を行なう際の具体的な目安としては、午前三時間、午後四時間の一日七時間で良いと提案しています。

第三に、内観を失敗させてはならないということです。健常者であれば、失敗することによってなにかを学び、次の行動にその経験を生かすことができます。しかし、患者のなかには失敗に学べないタイプの人が大勢いますから、集中内観を途中で挫折させてしまっては、集中内観の導入がまったくの逆効果になってしまいます。患者がこのタイプであれば、あらかじめ期間を短めに設定しておくべきです。そうすることで、集中内観を最後までやり遂げやすくなり、そのことが患者にとって大きな自信となります。物事をやり通せたという自信は、自尊心を高め、その後の日常内観への励みにもなります。健常者の場合には、集中内観で得られた気付きこそが内観の原動力になります。しかし、患者の場合には、達成感の方が内観継続への大きな原動力になることがあります。そのようなことから、必ずしも原法の一週間にこだわることなく、患者の持続力に合わせた期間の設定が求められます。いずれにせよ、患者のペースに合わせていくという柔軟な姿勢が求められます。

第四に、内観の対象はあまり広げる必要はありません。どんどん広げていくよりは、母親についてのみくり返し内観させる方が効果的です。この方法は、患者だけでなく健常者にも有効です。被愛事実に関するエピソードをくり返し再体験することで、自分は幸せであったという確信を深めていくことに意味があるので、対象を広げること自体にはさほどこだわる必要はありません。

第五に、自分が迷惑をかけている存在であったと認めるには、あまりにも抵抗が強いケースがあります。いざ内観させようとすると、予想しなかったような混乱と抵抗が出現することがあります。あるいは、初日の滑り出しは非常に良好で上手に内観できていたにもかかわらず、翌日にはもう嫌だと言って投げ出してしまうようなケースもあります。そのような状況を回避するためには、三つのテーマのなかの「迷惑をかけたこと」は除外し、「してもらったこと」と「して返したこと」だけで内観を進めていく方が良い場合があるのです。罪悪感をさほど強調しなくても、この二つのテーマだけでも感謝の気持ちが自然に生じるものです。

第六に、内観の深さを評価することはむずかしいということです。一見、表面的な内観に終始したように見えても、その後の臨床経過からとても意味のある体験であったと判断できるケースがあります。また、内観内容をうまく表現できなかったからといって、それだけで低い評価を下しては、判断を誤ることになります。内観で大きな気付きがあったとしても、そのエピソード自体は日常的な出来事であって、他者が聞いてもさほど特別なものではないし、その感動を他者に伝えることはとても困難な作業なのです。そもそも、内観の目的は本人が感動的な体験をすることにあって、それを他者に伝えることではありません。なお、患者のなかには、話し言葉で表現する能力が劣っている反面、書く能力に秀でている人がいます。集中内観ではメモを取ることは原則として禁じていますが、そのような患者の場合には気付いたことをノートに書きとめさせても良いと思われます。実際、内観研修所のなかには、毎晩日記を書かせているところもあります。

第七に、面接者は病院のスタッフであるということです。主治医がすべての面接を担当することが望ましいことは言うまでもありませんが、医師の勤務状況を考えれば現実的には不可能です。したがって、複数のスタッフがチームを組んで面接を行なうことになります。医師、看護師、ソーシャルワーカー、心理士などが面接者となりますが、原則として集中内観を体験していることが望まれます。内観研修所でも、ときに面接者が交代することがありますから、複数の面接者であっても問題はないように思われます。

複数のスタッフが面接することには、利点もあります。それは、スタッフ間で役割分担が可能になるという点です。患者から見れば、ある面接者は生真面目に映り、別の面接者は優しく映ります。つまり各面接者の醸し出す雰囲気が、患者へのメッセージとなるのです。ある面接者は「苦しいでしょうけどがんばりましょう」という励ましのメッセージであったり、また別の面接者は「よくがんばっているね」という賞賛のメッセージであったりするわけです。一人の面接者が態度を使い分けることはむずかしいものですが、複数の場合には役割分担が自然にできる点が好都合です。

心身症患者への内観療法の適用

集中内観を押し進めるための原動力は、そこでの気付きです。最初の気付きは小さいものですが、内観者にとっては新鮮な体験です。その体験はほのぼのとして嬉しいものですから、もっと多くの気付きを得たいと思い、自発的に内観に向きあっていく心境が生まれます。だれでもいったん内観をはじめると自然に深まっていくものですが、その理由はこのように気付きが原動力となって次の気付きを生み出すという、自己増殖的な仕組みが存在するからです。とにかく内観研修所に入ってしまえば、あとは自動的に内観が深まっていくものです。

ところで、精神科での治療への動機付けが困難な典型例は、心身症患者の場合です。心身症とは心理的な要因で、本来患っている身体疾患がさらに悪化する病気です。精神的ストレスが体の弱い部分に表れた結果、身体症状を悪化させるのです。やっかいなことに、本人はストレスに気付いていません。この病気の特徴は、周りのだれから見てもストレスによって体調を崩していることがあきらかであるにもかかわらず、「失感情症」といって、本人はそれに気付いていないことです。ストレスを受けていることすら認めようとはしません。このように自身の病気に対する理解に欠ける患者は、精神科を受診することが困難であり、かなりの回り道を要します。他に頼るところがなく差し迫った状態に陥ってはじめて、精神科にたどり着くことになります。したがって、集中内観を適用するにあたっては、十分な意味付けを行なったうえで、導入する必要があります。

このような患者は、本人が心因を否定しているのですから、精神科で治療を受けることに対しては当然のことながら抵抗感を抱いています。ただし、長年身体症状に苦しんでおり、なんとかして治したいという思いだけは強く持っています。しかし、本人の思い込みで病気に関係ない薬剤を乱用したり、必要のない手術をくり返し求めたり、民間療法に頼ったりしています。本人なりにさまざまな治療を試みているのですが、当然ながら治りません。病気の原因に気付かないまま、月日が無駄に過ぎています。もしも精神科医との相性がそれほど悪くなかったとすれば、はじめて病気を治すチャンスが生まれたことになります。しかし、内観療法に関心のない精神科医に出会ったとすれば、集中内観とは一生無縁のままで終わってしまうかもしれません。運良く内観療法に関心のある精神科医に巡り会ったとしても、集中内観を勧められるようになるまでには数カ月を要します。もっと早く伝えるべきではないかと思うかもしれませんが、現実にはそれではうまくいきません。患者の理解に応じたものでなければ、どんなすばらしいアドバイスもまったく意味をなさないのです。

また、心身症患者のなかには、内観療法の説明を聞いて否定的に受け取る患者がいます。その反対にこれぞ自分の求めていたものだと肯定的に捉える患者もいます。あるいは、病気が治ると聞かされて、深く考えることなく内観療法に飛びつく患者もいます。しかし、内観療法には自己反省法という側面があるので、自分を罪深い人間として捉えられるだけの想像力が欠如しているようでは、いずれの場合においても内観は深まりません。自分は悪くないんだという立場に固執するようでは、内観療法は成立しません。

しかし、心身症患者だからといって、集中内観が深まらないわけではありません。いったん集中内観をはじめると、三つのテーマに導かれるように自然に内観が深まっていきます。本人はまったく予期していなかった気付きですから、驚きや感動もそれだけ大きくなります。あとは、淡々と深いレベルまで自己洞察が進みます。なかには哲学的な洞察に到達し、症状の意味するものがなんであったのか、あるいは自分が苦しんできた意味がなんであったのか、深く理解できる患者もいます。

摂食障害という病気があります。食事を拒絶してひどく痩せたり、反対にむちゃ食いが止まらなくなってしまう病気です。広い意味で心身症に位置付けられています。このような患者は、自分の病気が心の病気であることまでは理解できているため、治療関係さえ良好であれば医師から勧められると素直に集中内観を受け入れてくれます。そして、内観についても正しく理解することができ、内観内容もけっして浅くはありません。しかし、今一つ治療効果に結びつかない場合があります。摂食障害の患者は、もともと罪を認めることへの抵抗が強いように思われます。また、理性が勝っているため自分をさらけ出して泣いたりできません。集中内観後の感想を聞くと、多くの気付きがあって、体験して良かったと一様に答えてくれますが、なぜか表情が暗く、無理をして優等生の答えをしているようで、どこか痛々しい印象を受けることがあります。

摂食障害患者の場合、集中内観だけで治してしまうには無理があります。あくまで、大きな治療の流れのなかで、一つの区切りとして集中内観を導入することになります。したがって、集中内観後のフォローアップがとくに重要になってきます。とくに、内観の集いと称される内観体験者の会を企画することは、大きな意味があります。しかし、摂食障害患者は内観の集いに参加しても、他の人たちのように悩みが吹っ切れて喜びに満ちあふれたような心境にはなれず、自己嫌悪に陥りがちです。

したがって、そこに参加させる場合には、前もって、集中内観の感想は個人の事情によって大きく異なるものであり、他の人のように大袈裟に感動することが内観の目的ではないということを十分確認しておく必要があります。内観の集いでは、話題を内観療法に限定するのではなく、むしろ日々の生活状況を語らせ、努めてフランクな雰囲気作りを心がけることが大切です。強く反省を促したり、内省的な生き方を求めるような運営は、好ましくありません。皆の前で、我ながらよくがんばっていると、素直な気持ちで自己評価できる雰囲気作りが求められます。摂食障害の患者にとって望ましい環境は、そこで楽しめることであり、そこで本音が言えることであり、皆が自分を支えてくれていることが、そこで実感できることです。なによりも楽しく発言できる環境作りが大切です。

家族内観を取り入れる

内観療法においては、患者本人だけではなく家族にも集中内観を勧めることがあります。これは一般に、家族内観と呼ばれています。患者が一方的に家族に対して反省し感謝するのではなく、家族も患者に対して反省し感謝するわけですから、家族内観は相乗効果を発揮することになります。とくに、患者が子供の場合には、両親にも集中内観を勧めることが一般的です。親子で集中内観を行なうことを親子内観、夫婦で行なうことを夫婦内観と一般に呼びます。ここでは家族内観の効果について、まとめてみたいと思います。

第一に、集中内観を最後までやり通すことができます。

患者が集中内観を最後までやり通すには、さまざまな困難を伴います。集中内観に対して最初から積極的で、自分にとって必要なことだと理解できていても、実際に一週間という長丁場のプログラムをやり通すには、相当強い意志が必要になります。集中内観を開始するという時点では、本当にこれから一週間がんばれるのだろうかと、自信がないまま突入するものです。患者が子供の場合には、なおさらそのような思いに襲われます。

集中内観はけっして強制されるものではありませんから、途中で本人がやめたいと言えばただちに終了します。しかし、集中内観をやり通すことが大きな自信となり、その後の治療効果が期待できるのであれば、なんとか最後まで続けられるような工夫が望まれます。その際、もっとも効果的なのが家族内観です。家族が同じ屋根の下で自分のために内観してくれているのですから、自分もなんとか最後までがんばろうという気持ちになります。そこまで尽くしてくれる家族に対する信頼感が生まれ、集中内観に対する前向きな気持ちが引き出されます。

子供の場合、内観での気付きはともかく、一週間最後までやり通せたという達成感が重要な治療的意味を持っています。途中で中断せず最後までやり通せたという成功体験を持たせることが、その後の治療の展開に大きな影響を与えます。やり抜くことができたという自信は、情緒の安定をもたらし、その後の日常内観に対する意欲にもつながります。なお子供の場合、二時間おきの面接では中だるみが生じやすいため、面接回数を増やすことが勧められます。いったん集中内観が軌道に乗れば、大人より素直に内観に取り組めることが知られています。なお日常内観であっても、子供の場合は比較的高い効果が得られます。

なお、集中内観への意欲が強い患者の場合、一人だけで内観したいと申し出ることもあります。

家族内観では家族に対する気兼ねや葛藤が生じ、冷静に内観に没頭できないので嫌だという患者もいます。そのような場合には、患者本人が集中内観を体験したあと、両親には日をあらためて内観してもらうことになります。実際、子供が一人で集中内観する決心をした場合、非常に深い内観になるという事実があります。

反対に、家族の方が意欲的になっている場合もあります。その場合、家族が積極的に集中内観を希望しますから、先に家族に集中内観してもらうこともあります。家族が集中内観を体験することで、患者は自分のために家族だけを内観させるわけにはいかないと感じ、そのあとみずから集中内観を受け入れることがあります。

第二に、家族間の相互理解と自立が促進されます。

内観療法は、家族関係を直接取りあげて自分のあり方を反省するものです。集中内観においても、家族に対する自分の誤りを見つめていくわけですが、これでは家族に対して一方通行の反省に終わってしまいます。自分が反省した対象人物が、同時に自分に対して反省してくれるなら、もっと素直な気持ちで集中内観に励むことができます。家族内観によって双方向の理解が深まれば、互いに抱きあっている諸々の葛藤を解消することができ、相互理解をより確実なものにすることができます。結果として、患者の情緒の安定がもたらされることになります。

親子が相互に理解を深めるということは、互いの自立を促進させることにつながります。それまでが、相互に依存するような甘えの関係であるとしたら、家族内観によって、互いの存在を自立したものとして認める安定した親子関係に移行することができます。依存関係のままでは、真に助けあう間柄にはなりえません。また、相手の問題を自分の問題として捉えていたこともわかり、そういった認識は自分の思い過ごしであったことに気付きます。このような傾向は、とくに障害児を持つ親に見られます。一方、それまでが互いに反目しあうような関係であったなら、家族内観によって、互いの存在をかけがえのないものとして再認識することができます。

両親の不仲が原因で、不登校に陥る子供がいます。あるいは、片方の親に必要以上に思い入れしてしまい、窮屈な生き方しかできなくなる子供がいます。それは、親から自立できていないために、親の問題を自分の問題と混同してしまうことで引き起こされる現象です。親についての集中内観によって徹底的に懺悔することは、親への甘えを断ち切り自立を促進します。健康的な両親の姿が見えることで、両親に対する過剰な思い入れのようなとらわれから脱却することができます。結果として、両親の問題に必要以上に影響されるような関係を解消することができ、楽に生きられるようになります。

第三に、家族間の連帯感が促進されます。

集中内観は伝統的に内観研修所で集団で行なわれてきた歴史があります。内観者同士の雰囲気は伝染していくものです。集団という要素はけっして無視できないものがあります。家族が同時に集中内観を体験すれば、たとえその間互いに顔を合わさなくても、内観研修所における集団の雰囲気を介して、親子の交流が促進されます。

集中内観に限ったことではありませんが、患者と家族が同じ体験をするということは、それ自体にとても大きな意味があります。共通体験をした者同士には、親密さが生じます。同じ場所で内観しなくても、あるいは同じときに内観しなくても、内観という共通体験から自然に連帯感が生じます。そういった絆は、患者と家族の関係や患者同士の関係によく見られます。さらに患者と医師との関係にも同じことがあてはまります。集中内観を勧めてくれた医師が、若い頃患者と同じような悩みを抱え、集中内観を体験しているのであれば、内観を勧める際にも、自分の体験談を交えて熱心に勧めてくれたはずです。信頼するその医師と同じ体験をしたという連帯感は、関係を強化することにつながり、その後の治療を好転させます。とにかく、内観体験者同士の会話では話題が尽きません。集中内観は非常に特殊な体験ですから、そういう意味においても家族内観によって相互の連帯感は強化されます。

以上、家族内観の効果について述べてきましたが、場合によっては患者以外の家族のみが集中内観を体験すべきケースがあります。とくに、統合失調症のような精神病患者に集中内観を試みることは、原則的には控えるべきです。家族だけが集中内観したにもかかわらず、本人の精神状態が改善することはよく知られた事実です。

集中内観を終えるにあたって

集中内観の最終日に座談会が行なわれます。最後の面接を終えると、帰り支度を済ませた内観者全員が集合します。各自、長かった一週間を振り返り、さまざまな感慨に耽っています。また、面接者からよくがんばったと祝福されているような、晴れがましい心境でもあります。自分の体験についてだれかに語りたいという思いが募っています。それまでの、妥協を許さない張りつめた気分や、くり返される情動体験から解放され、穏やかで心地良い脱力感に包まれています。また、一刻も早く両親や家族に会いたいという思いにも駆られています。そんななか、全員が輪になって座り、順番に一週間の感想を語りあいます。吉本伊信の内観研修所では、その内容はテープに録音され各自に記念品として渡されます。

内観者は、互いに一言も言葉を交わすことはなかった間柄とは言え、同じ屋根の下で一週間ともに過ごした仲間です。とくに、同部屋の内観者同士は多少の接触があったため、共同生活を営んだ仲間であるという意識が芽生えています。他の部屋や他の階の内観者についても、強い仲間意識を感じます。座談会に勢揃いしたときは、どのような内観体験をしたのか、互いに語りあいたいという気持ちで一杯になっています。

座談会は集中内観の総仕上げの場です。集中内観という共通体験をした者が集い、互いに祝福しあう卒業式です。自分の内観体験を告白し、他者のそれを聞き、今後に向けての決意を語りあうことによって、新しく生まれ変わったことを確認しあう場です。鋳型に流し込んだ鉄を一気に冷やして固めるような意味が、座談会にはあります。また、これからは内観体験者として、内観を広めていく立場にあることを自覚し、同時に、その内観研修所が、自分がいつでも戻ってきてよい場所であることを確信します。したがって、内観者が一人しかいない場合でも、面接者には、形式はともかく内観者の内観体験について十分聞き出し、今後に向けての決意を語らせることが望まれます。

病院から内観研修所を紹介された患者の場合には、病院に戻ってきた際、医師は内観体験について再度十分に聞き出す必要があります。とくに、情動体験についいては、詳しく聞き出すことが望まれます。そして、「やり通せた」ということも含めて、自尊心を示すような発言を引き出すべきです。患者の口から自然に、「自分なりによくがんばった」と語れるような雰囲気作りが大切です。一週間に及ぶ修行を終えて帰ってきたばかりですから、患者自身高揚した心境になっています。このタイミングを捉えて、生まれ変わったことを自覚してもらわなければなりません。こういったプロセスを経ることで、患者は新たな適応的な生き方を身につけ、回復に向かって歩みはじめることができます。このとき形成された医師と患者の関係こそが、その後遭遇するであろうさまざまな挫折から患者を救う原動力になり、この関係によって、医師の助言がはじめて効果的に患者に伝わることになります。

さて、集中内観を終えたあと、だれもが一刻も早く家族に会いたいと思うものです。同時に、家族も内観者が帰ってくるのを心待ちにしています。ある女性内観者は、姑に対して申し訳ない気持ちで一杯で早く会いたいと思いつつ帰宅すると、姑もこの女性が帰ってくるのを毎日カレンダーの日付を消しながら待ちこがれていたそうです。このように、家で待っている家族も内省的になっていることが多く、集中内観を終えたあと、家族と感動的な再会をした人は大勢います。

ところで、座談会のように大勢の前で個人的体験を告白するということは、気分の高揚につながります。入院患者がそのような一種高ぶった心理状態のまま、いきなり現実社会に復帰してしまうと、さまざまな支障が生じることがあります。上滑りでまとまりのない行動をとったり、まれには対人関係でトラブルに巻き込まれる危険さえあります。とくに、患者よりもむしろ家族に問題がある場合には、注意深く日常への復帰を計画する必要があります。家族の愛情に気付き、感謝の気持ちに満たされて家に帰ってはきたものの、受け入れ難い現実の家族の姿に直面させられてしまうと、それまでの本人の努力は水の泡となってしまいます。したがって、集中内観が終わったとしてもいきなり家に帰らせるのではなく、一定期間病院のなかで生活させることによって、状況に応じた柔軟な対処能力を身につけさせておく必要があります。

患者はいったん入院生活に戻ると、時間とともに冷静さを取り戻してくるものです。内省的であることとしたたかに生きることが、違和感なく統合できるようになれば、退院も近づいてきます。そのためには、少なくとも他の患者と楽しく遊ぶことができ、趣味や作業に没頭できる環境が求められます。将来に向けての方向性を見いだせるような、ソーシャルワーク的な援助も必要になります。そして、家族について、余裕をもって語れるような心境になることが大切です。そのような十分な準備段階を経て、家族のもとに戻っていくことが望まれます。

集中内観後のフォローアップ

集中内観を終えて社会に戻ってからも、集中内観を体験したという記憶はいつまでも消えずに残っていますから、いつでもその思い出に浸ることは可能ですし、心の支えになります。しかし、集中内観の体験をその後の治療により効果的に生かすためには、フォローアップの工夫が求められます。集中内観が終わってしまえば、内観者という立場での内観研修所との関係はいったん解消されてしまいますから、そのままでは内観者の心の拠《よりどころ》がなくなってしまいます。そこで、どうしてもそれに代わる受け皿が必要となります。

たとえば、全国の内観研修所が参加している「自己発見の会」という組織は、『やすら樹』という雑誌の発行や「自己発見まつり」という大会を開催しています。また、内観研修所の多くは、独自に内観の集いを開催していますから、内観研修所と内観者との関係が完全に途絶えてしまうわけではありません。内観研修所は、いつでも内観者が帰ってくるのを迎えてくれます。困ったらいつでも帰ることのできる場所があるという安心感は、なに物にも代え難いものです。

しかし内観体験者は、より身近な拠《よりどころ》を求めています。日常生活を送るうえで困難な状況に遭遇したとき、個別的にきめ細かい支援の手を差し伸べることができるよう、より小規模の内観の集いが増えていくことが望まれます。医療機関においても、集中内観の効果を十分引き出すためには、患者支援システムとして内観の集いの企画が望まれます。数人から二〇人程度の小規模な内観の集いは、集中内観と同じくらいに重要な治療的意義を持っています。そこにスタッフを交えて患者が集うことで、きめ細かい援助が可能となります。このような内観の集いが、年になん回か定期的に開かれることが望まれるのです。

精神の障害からの回復においては、まずは人間関係が楽しいと実感できることが重要です。したがって、内観の集いが単なる個人の集合ではなく、参加者が一つの集団となることによって治療的な効果が発揮されるように運営することが望まれます。内観の集いはいろいろな進め方があると思いますが、著者が運営に関わっている会は、年に四回、大学の一室を借りて行なっています。参加者は一〇人から二〇人ほどですが、毎回メンバーは異なっています。この会は医療機関が運営しているわけではありませんが、治療中の人も含まれています。また、すでに治療を終了し完全に社会復帰をはたしている人もいますし、みずからは患者ではないけれども集中内観に関心がある人も参加しています。著者とともに山陽内観研修所所長の林孝次が運営に携わっており、参加者の多くはそちらで集中内観を体験した人です。

できるだけなごやかな雰囲気のもとで、自己紹介をかねて、全員に近況を語ってもらいます。最近見た映画であるとか、腹が立ったことであるとか、日常的な話題で盛りあがります。参加者の意外な素顔が披露され、実はたくましく生きていることがわかったり、高い感受性を備えていることが見えたりします。とにかく、参加することが楽しいと感じてもらえるような会を目指しています。

スタッフは、参加者の話題に簡単な助言を行ないます。場合によっては、あとで再び話題に取りあげて掘り下げていくこともあります。基本的には自由討論ですが、参加者の多くは初対面であり、なかなか自分からは話したがりませんから、ある程度司会者が流れを作っていく必要があります。たとえば身の回りの話題を中心に、リラックスした雰囲気で会を進めていきます。反省を強要するような集まりになることは好ましくありません。新たに集中内観した人がいたら、体験談を披露してもらいます。他にも、参加者のためになるような内観体験をした人がいれば、なん度でも詳細に語ってもらいます。

なかには、症状が強くて困惑気味の人もいます。今日の会ではだれをサポートしてあげなくてはならないか、参加者はそのような空気を敏感に感じ取ってくれています。いずれかのタイミングでサポートに回ってくれることを期待できます。話題が盛りあがるにつれて、主たるサポート対象の人にも発言しやすい雰囲気が醸成されてきます。発言の内容よりも、語らせること自体にとても大きな意味があります。皆の前でしゃべることができたというだけでも、大きな自信と満足感が得られます。うち解けた雰囲気のなかで自慢話や冗談を聞いてもらえることは、自尊心の回復につながります。参加者からの励ましや助言は、非常に心強いものです。とくに大切なことは、その人の長所を指摘するようなアドバイスです。くり返し長所を誉められて、はじめて自分に自信が持てるようになるのです。また、話の内容から、その人が求めている援助がどのようなものであるのか、あきらかになってきます。こうして、その日の主な課題が浮かびあがってきます。集中内観でそのヒントになるような気付きをした人や、同じような課題を克服した人にアドバイスを求めると、皆一所懸命語ってくれます。

なかには、集中内観したけれども、他の人のように高揚感が得られず、ただ苦しいだけだったと語る人も出てきます。このような人がいることがわかれば、強くサポートしなくてはなりません。参加者からのアドバイスは大きな支えになります。これだけの人が自分のために必死になって助言してくれ、集団で支えてくれているということを、実感してもらうことが大切です。助言する側も役割意識を感じることができますし、みずから語ることでさらに新しい気付きを得ることもできます。

とにかく、皆の前で発言すれば、その瞬間はだれもが主役を演じることになり、充実感を得ることができます。他者と交流することは、本来楽しい行為です。交流そのものに楽しさがあります。会話の内容よりも、会話する状況そのものが楽しく感じられます。内観の集いに参加し、そこで自分の思いを語ったり人の話を聞くことで、連帯感も生まれてきます。

しかし、患者の多くは、そういった他者との交流が下手です。おしゃべりは人間のもっとも楽しい行為であるにもかかわらず、むしろ恐怖や苦痛と感じています。しかし、集中内観を体験すれば、好奇心に満ちた自由な心を取り戻すことができます。さらに、内観の集いに参加することで、人との交流が楽しいと感じることができます。また、集団で支えられていることを実感することもできます。

内観の集いは、なによりも楽しい雰囲気作りが大切です。あまり説教じみた雰囲気は好ましくありません。日頃は各自がそれぞれの日常内観を大切にすることが必要ですが、内観の集いでは集団の力を利用してより自尊心を高めることが可能であり、そうなるような運営のあり方が望まれます。

そして、二時間程度で会を終えることになります。

第5章

内観療法の事例紹介

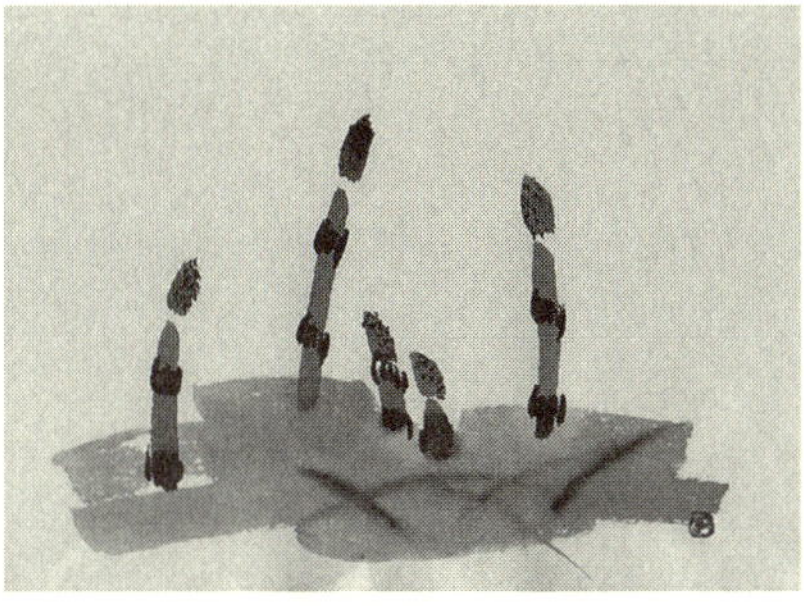

事例1　家庭内暴力とリストカット――境界性パーソナリティ障害

《プロフィール》

二十代、女性。性格は真面目、几帳面、繊細。自己評価が低く、物事を悲観的に受け取る傾向がある。父親は商社マンで活動的な性格。母親はおとなしい性格で、昼間は事務員としてパートに出ている。母親とは仲が良く、身の回りのことはすべて相談している。しかし、自分の自立を阻害する存在とも見なしている。父親に対しては日頃から反目しており、父親の言葉遣いや態度などすべてが、彼女の目には不快に映っている。父親のせいで男性不信になったと思っている。

中学生時代、なん度かいじめられたことがあるが、担任の若い女性教師がよく気遣ってくれたのでなんとか乗り切ることができる。高校に入学してまもなく不登校の状態に陥る。大学生時代はゼミの若い女性教員が相談相手になってくれたので、なんとか安定して学生生活を送ることができる。大学を卒業し税理士事務所に就職したが、仕事の要領がなかなかつかめず数カ月で退職する。以後五年間、自宅に引きこもっている。

《病歴》

自宅に引きこもっていた五年間は、程度はさまざまであるものの、おおむね同じパターンをくり返している。ささいなことで劣等感を感じ泣きわめく。自暴自棄となり二階から飛び降りる。リストカットをくり返す。家具を壊したり、両親に暴力を振るうこともある。昔いじめられたことを思い出すと、怒りやくやしさの感情が湧き起こり、自制が利かなくなる。あまりに興奮して暴れるので、両親が近所の人を呼ぶまで収まらなかったこともなん度かある。しかし、興奮が収まると反省する。感情が爆発したあとは決まって自己嫌悪に陥り、丸二日間も寝たきりになることがある。

母親に対しては、過保護に育てられたせいで引きこもり状態から抜け出せなくなったと罵る。父親に対してはセクハラを受けたと非難する。大学時代に世話になった女性教員に対しては、なぜか見捨てられたという恨みを抱いている。一方、気分が落ち着いているときは、掃除をしたり手の込んだ料理を作ったり、両親の庭仕事を手伝ったりする。家庭の外では緊張しやすく、外出に際しては常に躊躇し、ときに混乱することもある。家族以外の者に対する態度は礼儀正しくまとまっており、他者からの評価は良い。

こういった状況が改善しないため、両親に付き添われて精神科外来を訪れる。彼女は、このままではいけないと思いつつも、いつまでたっても立ち直るきっかけがつかめないと語る。態度はとても協調的で話し方も穏やかであるが、表情は弛緩し退行した印象が見受けられた。母親は、いっそのこと親子で心中しようとまで思い詰めたと語る。家族全員が途方に暮れ、なんとか現状打開の糸口を見いだしたいという真剣な思いが伝わってきた。

外来に数回通院した時点で集中内観を紹介すると、とても前向きな反応が返ってくる。そこで、とりあえず彼女と母親の二人で集中内観に行くことを提案した。しかし、それに対して彼女は、自分が先に集中内観を体験したい、母と一緒だと甘えが出そうなので自分一人で体験したいと強く訴える。そこで、まずは彼女が一人で集中内観を体験することになる。続いて母親と父親も体験する。

《集中内観》

集中内観によって、両親について多くの事実に気付くことができた。いじめられた体験についても、ある程度気持ちの整理がなされたようである。以下に、集中内観中に彼女が付けた日記の一部を紹介する。

二日目、「母の愛情の深さに驚いた。母に対する私の態度が冷たく醜かったことに気付き、自分に対して怒りを覚えた」。

三日目、「父は職場でつらい立場に立たされたことがあったけど、それでもがんばって働いてくれて、私を励まして支えてくれた。父の静かな愛情に感謝し、父を尊敬することができて嬉しい。ささいな出来事から父を怨み嫌悪していたが、それは自己を正当化していた自分に原因があることに気付いた」。

六日目、「私はいじめられたことにこだわっていた。自分を苦しめているのは、物事にこだわるという自分の性格だ。自分は心の狭い人間だ」。

七日目、「集中内観を終えたら、しばらく両親とともに穏やかな日々を送りたい。そして、仕事を見つけ、地道で自立した生活が送れるようになりたい。日常内観を続けていきたい」。

《集中内観後の経過》

集中内観後は毎週通院してもらった。また、日記を付けてもらい、書かれた内容について面接の場で話題に取りあげるようにした。治療を終結するまで日記はほとんど欠かすことなく続けられ、毎日大学ノート一枚程度の書き込みがあったことは驚きであった。実は、当初ノート内観を指示したが、書き続けることが苦しいと言うため、普通の日記を書かせることになった経緯がある。

集中内観から一、二カ月後までは、しばしば興奮状態に陥り、両親に対する過激な攻撃的言動も見られた。ただし、冷静さを取り戻すまでの時間はあきらかに短くなっており、おおむね半日以内で回復するようになっている。思い立つとすぐに行動に移すことができるようになり、ハローワークに出かけ職探しをはじめる。目指す職業は定まらず、デザイナーになりたいとか女性誌の記者になりたいとか、やや非現実的な望みを抱いている。

三カ月後、情緒が安定してきたため、睡眠薬だけ残して他の精神科治療薬をすべて中止するが、症状が悪化するようなことはない。

四カ月後、「はじめて自然に眠気を感じて気持ち良く寝付くことができた。幸せだと思った。毎日こうなら良いのに」と語る。あきらかに自律神経機能が改善していると判断される。料理教室に通うようになり、自分なりの達成感を感じることができるようになる。

六カ月後、「これまでの自分は馬鹿なことをしていたと思う。とても恥ずかしい気がする」と語る。退行した印象はなくなり、表情が引き締まり身のこなしも機敏になる。毎日熟睡できるようになったため睡眠薬も中止する。その後、いっさい精神科治療薬を服用することはなかった。それまでは外出に際してなにかと戸惑い躊躇していたが、デパートに一人で出かけてショッピングを楽しむこともできる。この時期、アルバイトを馘《くび》になるなどの挫折を体験しているが、パニックを起こすこともなく、ある程度感情をコントロールできるようになっている。

八カ月後、数年来続いていた背中の痛みや、体が締めつけられるような奇妙な身体感覚が消える。自己を過剰に抑圧する呪縛から解放されたことを意味しているように思われる。「これは私にとっては大きな驚きだった」と彼女は語る。また、「今の自分の状態だったら、パートの仕事からはじめた方が良いと思う」と、客観的に自己を評価することができるようになる。

一〇カ月後、パニックに陥ることはなくなり、とても落ち着いてきている。ときに落ち込むことがあるが、多少の愚痴を言う程度にとどまる。

一一カ月後、自分なりの役割を持って社会に参加したいと思っていたところ、新聞広告で目に入ったヘルパー講習を受けることになる。「講義がおもしろくて、自分を見つめるいいきっかけになった」と語る。通学に際してもさほど緊張することもなく、他の生徒との交流も楽しめている。また、「昔の自分の写真を見たら、顔が引きつっていることに気が付いた。その当時はそれに気付かなかったけど」と語るように、過去の自分の精神状態を客観視する余裕ができてきている。

一二カ月後、「今までは過去の出来事をほとんど覚えていなかったけど、まったく忘れていたことでも少しずつ思い出せるようになった。あんなこともあった、こんなこともあったと思い出せるようになった。集中内観のときでも思い出せなかったことが、最近はっきり思い出せるようになった」と語る。これまでは過去を忘れなければ心の安定が保てなかったのに、過去を思い出すことができるようになったということは、心の健康が十分回復している証拠だと思われる。

一三カ月後、リサイクルショップで安売りの古ぼけた家具を見つける。「かわいくて気に入ったので買って帰り、磨いて色を塗り直したらとてもすてきなテーブルになった」と語る。これは、彼女が生まれ変わったことを象徴的に意味しているように思われる。

一五カ月後、夏休みに母親と二人で北海道に旅行に出かける。「旅行に行く前なぜか少し憂鬱な気持ちになったけど、行ってみるととても気持ちが良かった。夜もよく眠れた。涼しくて水も建物もきれいで、別世界だった。二人でなんキロも歩いたけど楽しかった」と語る。母親との関係がそれまでの依存関係から自立した関係に移行したことを意味するように思われる。その直後から、介護施設で介護員のアルバイトをはじめる。お茶をこぼして上司から厳しくしかられたこともあったが、別段動揺することもなく勤務を続けている。たくましさも身についたように思われる。

一八カ月後、アルバイトを続けられたことが大きな自信になり、より専門的な資格を目指そうと決心し、介護福祉士の専門学校に入学する。「自分に自信が持てるようになったせいか、自然体で両親と接することができるようになった。半年前はそうではなかった」と語る。

一九カ月後、アルバイト先でセクハラの被害を受け、仕事を辞めようと思い詰める。しかし、勇気を出して上司を説得してみたところ、職場として適切な対応を引き出すことができた。「以前は自分の感情をなくそうなくそうと考えていた。その方が楽だと思っていた。今は自分の感情が出せて楽だ。これまでは無理をして自分を抑えていたと思う。我慢して良いことと、我慢していけないことがあることに気付いた」と語る。自分の力で状況を展開させていくだけの、ハイレベルな対人交渉能力が身についてきたように思われる。

二〇カ月後、「父は以前は過敏な態度が目立ったけど、今は穏やかになっている。あの頃は父も仕事が上手くいっていなかったみたいだ。それが家庭のなかで出ていたのは仕方ないことで、父のせいではないと思う。今は父も仕事の悩みが解消されて、毎日楽しそうに出勤している」と、嬉しそうに語る。あれほど嫌がっていた父親を、肯定的に評価する余裕が生まれている。

二四カ月後、通院治療を終了する。

彼女は集中内観を契機に、自暴自棄をくり返した五年間に及ぶ忌まわしい過去から、完全に快復することができた。二年間の治療を振り返り、「今でも嫌な気分にとらわれることはあるけど、気持ちの切り替えができるようになった。時間の使い方も上手になった。以前は人を見てうらやましいと思うことが多かったけど、今は落ち着いて考えられるようになった。ここまで自分なりによくがんばったと思う。体力もついたし精神的にも成長したと思う。この二年間、自分がやろうと思ったことは全部やった。充実した気持ちがする」と語る。

専門学校では勉強に励み、また多くの友人を得ることができ、充実感のある学生生活を送ることができた。実習も問題なくこなすことができた。現在は介護福祉士として働いている。職場では、かけがえのない貴重なスタッフとして、多忙な日々を送っている。ときどきクリニックに遊びにきては、「人並みに幸せになれて、本当に罰《ばち》が当たらないんでしょうか」と笑う。

事例２　母親に対する喪の作業《モーニングワーク》――解離性障害

《プロフィール》

女子大学生。公務員の家庭に生まれる。一人子。負けん気が強い。両親にかわいがられて育つ。小学生時代、父親の転勤に伴ってなん度か転校したが、とくに問題なくクラスに溶け込むことができる。高校三年のとき、母親がくも膜下出血で急死する。悲しみを紛らわせるため勉強に励み、母親代わりに家事をこなし、それまで以上に自立した振る舞いを周囲に示すようになる。薬剤師を目指して大学に進学し、一人暮らしをはじめる。友人に恵まれ、成績も良く、希望の教員のゼミに入ることもできて、学生生活はすこぶる順調であった。

しかし、母親に対しては、「死んだ者は死んでしまえばなにもわからない。残された者は、大切な人が死んでしまったという事実を、一生背負って生きていかねばならない。苦しいのは母ではなく私の方なんだ」という、相反する《アンビバレントな》思いを抱いている。

《病歴》

大学四年のとき、卒業論文に行き詰まりを感じ、日頃から尊敬している指導教員から見放されるのではないかと不安になる。折しも、偶然デパートで、いつも行動をともにしていた親友が母親と楽しそうに買い物をする姿を目撃する。うらやましいという感情が込みあげてくるのを抑えることができず、それまでの張りつめた気持ちが一気に崩れ落ちるような悲しみに包まれる。数日後、その親友が嘔吐下痢症に罹り、まもなく彼女にも同じ症状が現われ、重症であったため入院することになる。彼女は病気をうつされたという理由のもとに、親友に対し激しい怒りの感情を向ける。たびたび過呼吸発作を起こし、ときにはけいれん発作や失神も見られるようになる。歩こうとすると手足が激しく震え、車椅子でないと病棟内を移動できなくなる。二カ月間もこのような状態が続いたため、精神科に転科する。

《入院治療》

最初の面談で母親に関する話題になったところ、彼女は「母はあっという間に亡くなってしまったの」と面白そうに笑う。とうてい笑えるような話ではないにもかかわらず、そのような不自然な反応が返ってきたため、以後この話題は避けることにする。とりあえず当面の症状の除去に主眼をおき、受容的に接してみたが、解離症状は一向に改善しない。むしろ、病棟から抜け出そうとしてスタッフをあわてさせたり、夜中に死にたいと言って看護師をそばから離そうとしなかったりする。常に動物のぬいぐるみを抱き、退行した態度が目立つ。面談では自分の症状を嘆き、親友の悪口を思う存分しゃべるととりあえず落ち着くというパターンをくり返し、治療的な進展は見られない。

入院一カ月目の出来事である。その日の面談ではとくに感情が高ぶっており、話題が急に逸《そ》れて母親に対する思いを語りだす。顔を伏せて激しく泣きじゃくりながら語るので、とぎれとぎれにやっと言葉が聞き取れる状態であった。

「私は病院に入院しているのだから、本当ならお母さんが来て身の回りの世話をしてくれるはずなのに、そういう人が私にはいない。そういう人が欲しくなった。無条件で支えてくれる人がいたら、もう少し病気も良くなっていると思う。私は高三から母親がいないので、入学の準備もすべて私一人でやった。みんなお母さんお母さんと甘えるなかで、私は一人でがんばった。友だちがお母さんと買い物をしている姿を見ても、うらやましいとは口に出せなかった。そんなことを言えるはずがない。今までは耐えられたけど、今回だけは耐えられなかった」。

彼女の言葉は、母親に対する喪の作業《モーニングワーク》があらためて必要であることを意味しており、この課題こそが病気の本質であり、これを取り扱わなければ治療の進展は期待できないと考えた。そのために考えられる方法としては、集中内観しか見あたらなかった。

作業療法やレクリエーションに参加させることで、約二週間で比較的情緒は安定し、病棟内で落ち着いて過ごせるようになる。彼女から、「なにか読んでためになる本はないでしょうか。これからさあがんばろうというような気持ちになれる本が読みたい」と問いかけてくる。ためしに内観療法に関する小冊子を渡してみたところ、一週間ほどたって全部読み終えたと言ってくる。内容についてしゃべらせてみると、よく理解している。引き続き、身体症状を呈した患者の集中内観体験談を読ませてみたところ、その効果に関心を示す。ただし、自身の病気に関しては、心理的要因を積極的には否定しないものの、あくまで身体疾患で入院しているという構えは崩さない。

入院二カ月目になると、歩行障害以外の症状はおおむね軽快する。階段の上り下りは手すりを持たなければ無理だったが、気分が良い日には軽い運動もできるようになる。この頃からしきりに「先生は私に内観して欲しいと思っているんですか?」と、やや甘えた口調で話しかけてくるようになるが、あえて答えずにおいた。そのうち、どうしても集中内観に行きたいと言い出したので、その理由を尋ねると、普通に歩けるようになるかもしれないからと答える。その答えに対して、内観したらお母さんに対する気持ちが整理できるのではないか、そっちの方が意味があるのではないかと助言するにとどめ、あえて集中内観を許可しなかった。もしかしたら、気に入られるために内観したいと言い出した可能性も否定できなかったので、しばらく静観することにしたのだ。

入院三カ月目、集中内観によって母親に対するいろいろな思いを解決したいとあらためて望むので、内観研修所を紹介する。

《集中内観》

一週間の集中内観で母親について三回内観する。また父親について二回内観し、嘘と盗み、母方の祖父、祖母、父方の祖父、祖母および親友についてそれぞれ一回内観する。母親に対する気持ちが整理されていく過程を、彼女の日記を引用しながら紹介する。

一回目の内観では、「母が私を残して死ななければならなかった気持ちを考えたとき、母はとても苦しかったんだとはじめて気付くことができ、涙があふれた。自分の冷たさを感じた。今までは、母のことを思い出すと苦しいことばかりなので、避けていた」と書いている。死に臨んだ母親の気持ちに気付くことができたようである。

二回目の内観では、「こんなにも愛されていたのかと、はじめて身にしみてわかり、嬉しくて涙が止まらなかった。内観が苦しくなったとき、コスモス畑のなかに立っている母の姿が思い浮かんだ。母は、苦しいけどがんばろうね、と声をかけてくれた。母をすぐそばに感じた。愛されて幸せだと思った。外は雨が降っていたけど、なぜか野原一面に色とりどりの花が咲いているような感じだった」と書いている。そして、「母が亡くなってからの四年間背負ってきたものが、ストンと落ちたようにとても楽になった」と書いている。母親から十分愛されていた事実に気付き、母親に対する喪の作業《モーニングワーク》を達成できたように思われる。

三回目の内観では、すでに心は安らかになっており、母親との思い出を楽しむ余裕すら見られる。「なぜだか思い出すのが楽しくて、心があたたかくて真綿で包まれているような幸せな感じだった」と書いている。

《集中内観後の経過》

病院に戻ってから集中内観の感想を聞くと、「母についてはもうこれで十分満足できました」と、とてもすっきりした表情できっぱりと宣言する。他の内観対象者に対しても、いろいろな気付きがあったそうである。集中内観を終えてからは、手すりに頼らず階段の上り下りができるようになる。活気があり、集中内観の体験談をよくしゃべる。父親から見た評価によると、集中内観を終えてからは言葉や態度が丁寧になり、また内面的な成長も感じられるとのこと。外泊を試みつつ一カ月間入院を継続し、入院四カ月目に退院する。

退院から半年、わずかに残っていた歩行障害も完全に消失する。以前は勝ち気な印象の学生であったが、内省的な態度が目立つようになる。どこか母性的な印象すら見受けられる。親友に対する怒りはない。集中内観については、母親に対するいろいろな思いがすっきりしたのでとても良かったと語る。この時点でもいろいろ悩みは尽きないそうだが、集中内観で気付いたことを思い出してなんとか乗り切っているとのこと。退院から一年三カ月後に治療を終了する。その後大学を卒業し、薬剤師として病院に勤務している。先日、結婚しましたという写真付きの葉書が届いたところである。

事例３　不登校、無気力、引きこもり——社会恐怖

《プロフィール》

女子大学生。性格は内向的、過敏、優柔不断。サラリーマンの家庭に生まれる。祖父、祖母、父、母、本人、妹の三世代が同居している。家族との団らんの機会は少なく、とくに父親とはほとんど会話がない。かといって毛嫌いしているわけでもなく、彼女のなかには父親の存在が希薄である。母親とはよく会話する。母親はのんびりした性格で、あまり細かいことにこだわらない。高校時代までの適応に問題はない。大学進学にあたっては、母親から社会福祉学を専攻することができる大学を勧められ、漠然と、これからは福祉の時代なんだと思い入学する。

《病歴》

大学一、二年生の頃は一方的に授業を聞くだけだったので、別段苦痛を感じることなく登校できていた。しかし、三年生になって実習のための授業が始まり、数人ずつにグループ分けされた学生

同士の付きあい方にとまどいを感じる。他の学生の話題についていこうとして神経をすり減らし、自分だけ取り残されているような気持ちになり、家に帰ると疲労感でぐったりしてしまうほどである。このことであまり考え込むと自己嫌悪に襲われるので、できるだけ気にしないようにする。まもなく登校できなくなる。せめて楽な授業だけなら出られるのではないかと出席を試みたが、どうしても無理である。登校しようとすると恐ろしいような不安な気分に襲われ、自宅に引きこもってしまう。いったん自分の部屋に戻れば落ち着いて過ごせるので、ただ漫然と日々が過ぎていき、そのまま夏休みに突入する。食事のときだけは家族と顔を合わせるが、自分からはほとんど話さない。そのうちさすがに自分は大学生活に向いていないと感じ、このままでは退学するしかないと思うようになる。

夏休み明け直前に、母親に付き添われて大学の学生相談室を訪れる。彼女は退学したいと主張するので、母親は途方に暮れた様子である。かといって、きつくしかるようなことはなく、心配そうに付き添っている。彼女の声はとても小さく、言葉の語尾が途切れてしまうので、なにを言いたいのかさっぱり伝わってこない。ずっとうつむいたままであるが、落ち着き無くときどき顔を上げて不安気に部屋のなかを見回す。視線を合わせることはない。そういった状況のため、これまでのいきさつを把握するのが困難であった。言葉の断片を寄せ集めて解釈すれば、どうやら対人関係につまずきがあったようである。

彼女の話を要約すると以下のようになる。

「実習のグループでつまづいたので、その授業に出られなくなった。完全に自信を失って、すべての授業を欠席するようになった」。

「自分は少人数のグループで活動する状況がとても苦手だ」。

「大学の勉強自体、もともと関心がないので退学したい。そもそも自分で選んだ大学ではない。自分には福祉領域での職業適性がない」。

「退学後のことは、目標があるわけではないので、どうして良いかわからない。なにかしたいという意欲もない」。

母親はがっかりした表情で、とても残念そうに黙って彼女の話を聞いている。

あえて彼女が主体的に求めていることをあげるとすれば、今自分はなにをしたら良いのか知りたいということだけであった。急に授業に出られるようになる材料も見あたらず、このままでは退学を引きとどめるのは困難だと思われた。今の時点で今後に向けてのなんらかの方針を示しておかなければ、このまま二度と学生相談室に来ることもなく退学になってしまうのではないかと思われたので、「退学するにしても、そのあとのことを考えたら、ここで一度自分をきちんと見つめ直しておくことが必要ではないだろうか」と伝え、集中内観の効能について説明した。あまり厳しいイメージにならないよう注意して説明したせいか、その時点で彼女からの抵抗は意外に少なく、前向きに考えてみたいというような反応が返ってきた。内観療法の小冊子を彼女に手渡し、読んでからどうするか決めるように伝えた。

彼女は一週間考えた末に、集中内観を体験することを決心する。

《集中内観》

学生相談室を訪れてから一カ月後に、母親とともに集中内観を体験する。内観の対象は母親、父親、母親、嘘と盗み、母親、父親、友人の順であった。

集中内観の最初の二日間は、もう内観をやめて家に逃げ帰りたいという気持ちと、今帰ってしまえば、なにも解決しないという気持ちの葛藤に明け暮れていた。

三日目以降は、自分の対人関係のあり方についての気付きがあったことがきっかけで、内観が深まっていったそうである。しかし、同時に自分が置かれている現実の閉塞状況に対する煩悶も見られ、心穏やかに内観のテーマに集中できたわけではない。自分自身の問題に直面することを今まで避けてきたが、内観研修所に来てはじめてその苦しさを味わったことになる。不登校を自分自身の問題としてはじめて捉え、そのことに直面しながら行なった集中内観であった。内観が深まりつつあったからこそ、自分の置かれた現実から目をそらさない勇気も生じたように思われる。

最終日の七日目には、大きな達成感を得ることができ、同時に気分の高揚も見られる。出された食事を楽しむ心境になれる。なにかをやり遂げたと実感できた体験は、これまで経験のない充実感と自信をもたらしたようである。本来消極的でなに事に対しても無気力であった彼女が、最後の食事を楽しいと感じることができたことは、生きることへの健康な意欲を回復したことを意味しているように思われる。

彼女は集中内観を体験したことで、「自分は人からなにかしてもらっても、ありがとうと言ったことがない」。「お礼の言葉さえ言わないでおいて、自分は人とのコミュニケーションが苦手だと思っている」。「自分は相手の長所を見ようとしていない」。「このような点を直せば今よりずっと楽に生きられるはずだ」という気付きを得る。不登校に対する自分の言い訳が矛盾していることに気付くこともできたようだ。

《集中内観後の経過》

集中内観後は再び学生相談室でフォローしたが、行動面に著明な変化が現われる。

母親によると、生活リズムが規則正しくなり、家事手伝いをよくするようになったそうである。また、面接中も緊張したり身構えるような態度がなくなり、友人に話すようにごく自然に話せるようになり、笑顔も見られる。

集中内観前に比べて、あきらかに物事を気軽に判断できるようになっている。新年度が始まるまで、休学中になにをしたら良いかわからないと言うので、「ヘルパー講習でも受けてみてはどうだろうか」と一例をあげてみたところ、「あっ、それはいいですね。さっそくどこで講習が受けられるか探します」と、あっさりしたがう。アドバイスを素直に受け入れる態度が見られる。なに事にも躊躇し考え込んでいた内観前とは正反対である。そんなに言われたとおりに行動して不安はないのかと問うと、「物事はなるようにしかならないから不安ではありません。困ったらそのとき考えれば良いですから」と答える。深刻さがなくなり積極的に行動に移せるようになっている。「一緒にヘルパー講習を受けている人のなかには、離婚した子連れの女性がいたり、お母さんぐらいの年齢の女性がいたり、皆いろいろな人生を背負っているんです。そんな人たちと親しく接することで、苦しいのは自分だけではないのだという思いや、皆から支えられているという思いが実感できました」と言う。大学とはまったく異なり、ヘルパー講習での授業も実習も楽しく受けることができている。これなら復学可能かもしれないと思われるまでに回復しているものの、この時点ではまだ、彼女自身復学に対して自信が持てていない。

復学を強く決心させるエピソードがこのあと訪れる。

受講していたヘルパー講習でのことである。生徒間にトラブルが発生し、クラスの雲行きが怪しくなり全体が気まずい雰囲気に包まれたという。大学を休学するきっかけとなったような状況が、このとき再現されることになる。しかしこのとき、彼女はクラスメートと距離を取って上手に乗り切ることができたそうである。彼女は、「今までの自分だったら、人間関係に巻き込まれてすっかり落ち込んでいたはずです。でも今回は自分なりにうまく対処できたと思っています。予想以上にうまく立ち回ることができましたから」と、自己を肯定的に評価することができる。集中内観によって自立が促され、対人関係のトラブルに巻き込まれても上手に対処できたようである。また、その自慢話を素直に話せるほどに、医師と患者の関係も良好であった。この出来事を語った直後に彼女は復学を決心する。

復学と同時に、学生相談室での治療を終了する。復学して一年経過後も、勉学とアルバイトを両立させ順調である。「一学年下の学生とともに授業を受けているけど、全然平気です。友人とはうまくやっていけている。先生、私のバイト先に遊びに来てください」などと近況を語る。集中内観についての感想を求めると、「集中内観を体験したから急に人間が立派になるというわけではないが、現実的な課題から目をそむけず、具体的に考えていこうという気持ちになれたので良かった」と語る。その後無事大学を卒業し、現在は障害者施設で指導員として働いている。

事例4　後妻を襲った全身痛——身体化障害

《プロフィール》

四十代、女性。酪農家に生まれる。病前性格は自己中心的、わがまま。

高校を卒業し、デパートの化粧品売場に勤務する。仕事が楽しく、結婚はあまり考えていなかった。二五歳で、父親の強い勧めにより、気がすすまないままに見合い結婚をする。独身時代の華やかな生活と、平凡で刺激のない主婦生活とのギャップになじめず、わずか一年たらずで離婚する。子供はいない。離婚後は、ブランド品を取り扱う紳士服店で働くようになり、仕事ぶりが認められて店を任されるまでになる。この頃が、人生でもっとも充実していたそうである。知人の紹介で知りあった、妻を亡くした会社経営者との交際が始まる。四〇歳のとき、結婚を申し込まれる。自分の年齢を考えたり、最初の結婚生活での挫折を思い出して、とても躊躇したが、強く求婚されたため、仕事に対する後ろ髪を引かれるような思いを断ち切って後妻に入ることにする。結婚後は専業主婦として、夫とその息子家族と同居することになる。夫の息子はすでに妻子がいて、最初からこの結婚に反対しており、後妻に入った彼女に非常に強く反発している。夫の息子からなにかにつけて冷たくされ、そのことで心を悩ますことになる。

《病歴》

四〇歳で後妻に入ってまもなく、目の奥、歯、首筋および手首が痛むようになり、さらに、喉に異物感が生じ、喉が大きく膨れるような違和感を覚えるようになる。気を失って神経内科に入院するが、どこも異常は発見されない。このときより、脳循環改善薬の服用を開始する。

四二歳、左手足が麻痺して動かなくなり、五カ月間神経内科に入院するが、どこも異常は認められない。退院後は、リハビリ訓練のため週三回の頻度で通院するようになる。

四三歳、首から左肩にかけて激痛が走り、整形外科で頸椎の手術を受けるが、症状は不変であった。以後、消炎鎮痛薬を服用するようになる。また、同年、排尿障害が現われ、泌尿器科で検査を受けるが異常は認められない。以後、副交感神経刺激薬も服用するようになる。さらに、同年、不安感や焦燥感を覚えるようになり、他所の精神科に二カ月間入院したが、症状は不変のまま退院する。以後、抗うつ薬、気分安定薬、抗不安薬および睡眠薬も服用するようになる。

四四歳、耳の奥が痛むようになり、耳鼻科で手術を予定していたが、手術当日気分が悪くなったため中止する。同年、左肩に激痛が生じ、整形外科で肩関節の手術を受けるが、症状は不変である。

四五歳、再び左肩の手術を受けるが、やはり症状は不変のままである。

四七歳、いくら力んでも尿が出なくなる。泌尿器科外来に毎日通い、導尿してもらわないと排尿できない状態が一カ月間続く。その他、不定愁訴（漠然とした体の変調）のたびに病院を受診し、抗潰瘍薬、消化薬、筋弛緩薬、便秘治療薬、ビタミンなども服薬している。

《治療経過》

四七歳、発病八年目に著者の在籍する精神科を受診する。

目、耳、歯、首、肩、手の痛み、喉の異常感覚、排尿障害など多くの身体症状を訴える。これまでの治療は、どれも無効であったと語る。この時点で、脳循環改善薬、抗うつ薬、抗躁薬、抗不安薬、睡眠薬、筋弛緩薬、副交感神経刺激薬、消炎鎮痛薬、抗潰瘍薬、消化薬、整腸薬、便秘治療薬、ビタミンなど十数種類の薬剤を毎日服用しており、薬物への依存と乱用があると考えられた。家族に関しては、夫への不満や夫の息子への反感を強く語る。

再婚による家庭内のストレス状況のもとで発病していること、身体症状が多彩で慢性であること、頻回手術や薬物乱用など身体的治療を求める傾向が強いことなどが特徴的であった。

通院を開始して三カ月目、医師と患者の関係はある程度築けてきたものの、家族に対しては相変わらず被害的、攻撃的である。とくに、夫があまりかまってくれないこと、夫の息子が意地悪く自分を無視する態度をとることを訴える。環境の要因が大きいことはたしかであるが、本人のパーソナリティもやや自己中心的であるように思われた。家族に対する否定的な感情を改善させるため、内観療法の小冊子を読ませてみたが、あまり関心を示さない。

通院四カ月目に、うつ病に関する内観テープを聞かせたところ、「各自わがままに気が付いたようですね」としんみりとした態度で感想を語る。意外にも内観テープに関心を示し、他のテープも聞いてみたいと言うため、以後、外来を受診するたびにテープを一本ずつ貸し、合計四本のテープを聞いてもらった。

八カ月目、「私の物事の受け取り方に、やはり問題があるのでしょうか?」という内省的な発言や、「私はちょっとしたことがすごく気になる性格で、物事が気になると体の調子も悪くなって、薬を飲むと安心するんです」という自己洞察的な発言が聞かれる。この頃より医師と患者の関係はより安定し、彼女の表情も明るくなる。

九カ月目、夫との口喧嘩をきっかけに、内観研修所で集中内観を受けてみたいと言うものの、いざとなるとそこまでの決心がつかない。そのときは半分家出の意味もあったのかもしれないが、集中内観に関心を持っていることはたしかである。

一一カ月目、「体の不調の原因は心理的な問題から来たものだと思います。手術も薬も必要なかったかもしれませんね」と伝えたところ、素直にその言葉をかみしめる様子がうかがえる。

一三カ月目、「再婚してから、首とか体が次々と悪くなりました。それまで自由に過ごしていたのに、急に大きな家に入ったから、それが心理的に影響したんだと思います」と語る。

一五カ月目、激しい腰痛のため、一時期コルセットを装着しないと歩けない状態になる。

一九カ月目、排尿障害が再び悪化する。「私は自分自身に満足できていないんです。一生懸命やってみますから、病院で集中内観を受けさせてください。家庭内の立場上一週間は無理なので、三日間でお願いできないでしょうか」と真剣に訴える。

《集中内観》

治療開始から二〇カ月目、一人部屋に二泊三日の入院をして、三日間の集中内観を試みることにする。内観面接は入院二日目にだけ行なうことにする。

入院前日は、夜間に気持ちが高ぶり、明け方まで一睡もできなかったとのことであるが、「がんばって内観しようと思います」と強く決意を語る。無理しなくても良いことを伝えたうえで、内観をはじめてもらう。

入院二日目、午前七時から午後一〇時までの一五時間、一時間半おきに一一回面接する。面接はすべて一人で行ない、母親と父親についてのみ内観してもらうことにする。面接時の態度は礼儀正しかった。三つのテーマに沿って正しく想起できた。想起した内容を語る際、泣いたりするようなことはなく、静かに語る。「迷惑をかけたこと」があまり思い出せなかったが、医師として患者の言葉をそのまま謙虚に聞くことに徹する。

以下に、彼女が面接時に語った内容を一部紹介する。

「小学校二年生の夏休みの午後でしたが、急に虫歯が痛み出して、昼寝をしていた母を起こしてしまいました。母は嫌な顔もせず、私の腫れたほっぺたをさすってくれました。当時貴重だった氷を買ってきて、冷やしてくれました。実は、母は後妻でしたから、今の私と同じで気苦労が絶えなかったはずです。疲れて眠っていた母を起こしてしまって、申し訳ないことをしたと思います」。

「私は高校を出て就職したときからずっと都会暮らしでした。仕事が楽しくて、めったに実家に顔を出しませんでした。久しぶりに帰ると母はとても喜んで、私が好きだったおはぎを作ってくれました。母は苦労を口にする人ではなかったのですが、内心はとても寂しかっただろうと思います。そんな母のそばにもっといてあげるべきだったと、とても悔やまれます」。

入院三日目、退院する前に二人で座談会を行なった。「私と同じ再婚という境遇の母について調べて、はじめて母の気持ちがわかりました」としみじみ語る。内観を最後までよくやり通せたことを誉めたところ、ごく自然な感じの笑顔が見られる。「こんなに長い時間私の相手をしてくださって、ありがとうございました」と語る。「普段考えないことを考えられたので、とても良かったと思います。今はすっきりした気分です」と語り、晴れ晴れとした表情で退院する。

《集中内観後の経過》

内観終了後、それまであった多彩な身体症状は一気に消失した。集中内観から一年後の感想は、「内観してからずっと調子が良いんです。夫や息子が変わったわけではないのですが、私が気にならないようになりました。割り切って考えられるようになれて、ものすごく楽です。孫たちがすごくかわいい。道で親子連れを見るだけで、なぜかジーンと感動して、あたたかい気持ちになります。肩が痛くなっても、もう病院にはかかっていません。代わりに温水プールに行っています。私はちょっとしたことでも妙に気にしてしまう性分なんです。薬は担当の先生と相談して、これから減らしていこうと思います」と語る。

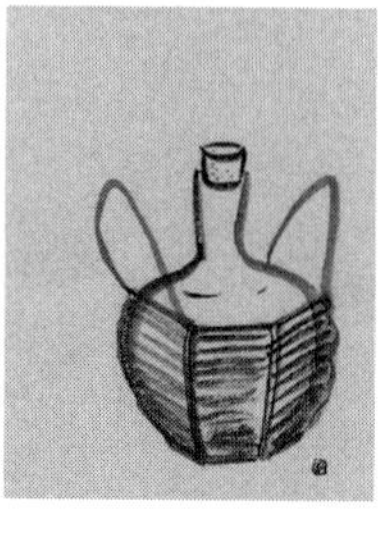

あとがき

私が集中内観を体験したのは、大学の附属病院で研修医をしていたときでした。その頃の私は、自分のことを一人前の精神科医であって、思春期の課題などとっくの昔に乗り越えているものと思い込んでいました。しかし、あることがきっかけで集中内観を体験することになり、実は大きな課題がまったく手つかずの状態であったことに気付かされました。それまでしがみついてきた偏狭な人間観を、大きく変えてしまうほどのインパクトがありました。ただし、あくまで自分自身のための集中内観であって、治療者として内観療法を学ぶために体験したわけではありませんでした。その後、研究テーマを精神薬理に定め、診療の合間に実験をくり返していました。

そうした折り、ある若い女性患者を受け持ちました。情緒が不安定ですぐに病棟から飛び出すありさまで、なにをしても一向に埒があかず治療が暗礁に乗りあげてしまいました。私は追いつめられた心境で、ふと集中内観のことを思い出しました。残された方法はもうこれしかないと思い、過去の自分自身の体験を思い出しながら、彼女に集中内観を試みました。二日目からいきなり大きな変化が現われました。彼女は内観に対してとても強い関心を示し、模範的な内観ができました。情緒は安定し仕事にも就くことができました。集中内観の効果には正直驚かされました。それから意識的に内観療法を用いるようになり、今日に至っています。

集中内観における劇的な心的転回は、他人が聞いたら一見なんの変哲もないエピソードにすぎません。しかし、それを語る側には、これまでとはまったく異なる景色が見えています。内観療法の三つのテーマには、過去から現在へのメッセージが託されています。そのメッセージを開封するかしないかは各自が判断することです。内観療法は著明な人格改造効果を有していますが、なぜそれほどまでに効果があるのか、私には明確に答えることができません。この本を読まれた方が、将来、その秘密の扉を開け放ってくださることを願っています。

笹野　友寿

資料

内観療法の組織と活動

●日本内観学会

日本内観学会は、歴史的にも活動実績からも、内観療法に関するもっとも中心的な組織として認められている。

内観法の原理とその応用を研究し、関連諸学会および諸領域との交流を図り、内観法の普及発展を促進して、福祉の向上発展に貢献することを目的としている。学術集会として、日本内観学会大会を毎年開催している。また、内観療法ワークショップを毎年開催し、内観療法の普及に貢献している。機関誌として『内観研究』を発行し、他にも『内観ニュース』を発行している。

代表　巽信夫
事務局　〒七〇二-八五〇八　岡山県岡山市浦安本町一〇〇-二　慈圭病院内

●日本内観医学会

日本内観医学会は、内観療法の研究を促進し、医療および関連領域における発展普及に貢献するとともに、会員相互の連絡を図ることを目的としている。学術集会として、日本内観医学会大会を毎年開催している。また、国際内観療法学会が国内で開催される場合には、それを主催している。日本内観医学会による認定医制度がある。機関誌として『内観医学』を発行している。

代表　久保千春

事務局　〒八一二−八五八二　福岡県福岡市東区馬出三−一−一　九州大学大学院医学研究院心身医学内

●自己発見の会

自己発見の会は、内観を体験した人、これから体験しようとする人、内観に興味を持つ人、心の問題に興味を持つ人が集い、互いに励ましあいながら内観を深めていくとともに、少しでも多くのかたがたに内観の存在を知っていただこうという目的で設立された会である。内観をとおして、本当の自分をみつめようとする人々の集まりである。雑誌『やすら樹』の発行や、「自己発見まつり」の開催を行なっている。また、認定電話相談員を定め、無料電話相談を受け付けている。

事務局　〒一〇八−〇〇七一　東京都港区白金台三−一三−一八　白金台内観研修所内

電話　〇三(五四四四七)二七〇五

●内観研修所

自己発見の会が紹介する内観研修所を以下に示す。

(1)　ひろさき親子内観研修所
所長　竹中哲子
住所　〒〇三六-八二五三　青森県弘前市緑ケ丘一-四-八
電話　〇一七二(三六)八二〇八

(2)　瞑想の森内観研修所
所長　清水康弘
住所　〒三二九-一四一二　栃木県塩谷郡喜連川町五六九四
電話　〇二八(六八六)五〇二〇

(3)　大宮内観研修所
所長　藤川亮
住所　〒三三一-〇八五二　埼玉県大宮市桜木町四-六二七-七

電話　〇四八（六四八）〇四一〇

(4)　白金台内観研修所
所長　本山陽一
住所　〒一〇八－〇〇七一　東京都港区白金台三－一三－一八
電話　〇三（五四四七）二七〇五

(5)　静岡内観研修所
所長　福田等
住所　〒四二一－〇四二一　静岡県榛原郡榛原町細江一九四－一五
電話　〇五四八（二二）一一四九

(6)　北陸内観研修所
所長　長島正博
住所　〒九三〇－一三一五　富山県上新川郡大山町文珠寺二三五
電話　〇七六（四八三）〇七一五

(7)　奈良内観研修所
所長　三木潤子
住所　〒六三一－〇〇四一　奈良市学園大和町三－二二七
電話　〇七四二(四八)二九六八

(8)　大和内観研修所
所長　真栄城輝明
住所　〒六三九－一一三三　奈良県大和郡山市高田口町九－二
電話　〇七四三(五二)二五七九

(9)　和歌山内観研修所
所長　藤波紘
住所　〒六四〇－〇三三一　和歌山県和歌山市冬野一〇四五
電話　〇七三(四七九)一八七一

(10)　米子内観研修所
所長　木村慧心

住所　〒六八三−〇八四二　鳥取県米子市三本松一−二−二四
電話　〇八五九（二二）三五〇三

⑾　山陽内観研修所
所長　林孝次
住所　〒七二二−〇〇二二　広島県尾道市栗原町一〇九七八
電話　〇八四八（二五）三九五七

⑿　多布施内観研修所
所長　池上吉彦
住所　〒八四〇−〇八四二　佐賀県佐賀市多布施四−二〇−一〇
電話　〇九五二（二四）一五三二

⒀　蓮華院誕生寺
所長　川原英照
住所　〒八六五−〇〇六五　熊本県玉名市築地二二八八
電話　〇九六八（七二）三三〇〇

(14)　沖縄内観研修所
所長　平山恵美子
住所　〒九〇一―一五一一　沖縄県島尻郡知念村字久手堅二六七―一
　　　電話　〇九八(九四八)三九六六

●内観センター

内観の普及促進を図るため、内観に関する資料の収集・整理・保存と図書やテープを販売している。

代表　吉本正信
住所　〒六三九―一一三三　奈良県大和郡山市高田口町九―二
　　　電話　〇七四三(五四)九四三二

●国際内観学会

三年ごとに内観国際会議を開催している。内観国際会議の論文集を発行している。

代表　石井光
事務局　〒一五〇―八三六六　東京都渋谷区渋谷四―四―二五　青山学院大学法学部　石井研究

室内

●ヨーロッパの内観研修所

(1) 新世界内観研修所（オーストリア、ウィーン）
所長 フランツ・リッター
住所 Triftstrabe81 A-2821 Lanzenkirchen
電話 0043-2627-45102

(2) タルムシュテット内観ハウス（ドイツ、ブレーメン）
所長 ゲラルド・シュタインケ
住所 Bremer Landstrasse34 D-27412 Tarmstedt
電話 0049-4283-2004

(3) ザルツブルグ内観研修所（オーストリア、ザルツブルグ）
所長 ローランド・ディック
住所 Goldgasse19 A-5020 Salzburg
電話 0043-0662-841665

●集中内観を行なっている病院

(1) 医療法人全隆会・指宿竹元病院
住所 〒八九一－〇三〇四 鹿児島県指宿市東方七五三一
電話 〇九九三(二三)二三一一

(2) 医療法人清潮会・三和中央病院
住所 〒八五一－〇四九四 長崎県長崎市布巻町一六五－一
電話 〇九五(八九八)七五一一

(3) 財団法人慈圭会・慈圭病院
住所 〒七〇二－八五〇八 岡山県岡山市浦安本町一〇〇－二
電話 〇八六(二六二)一一九一

(4) 地方独立行政法人・岡山県精神科医療センター
住所 〒七〇〇－〇九一五 岡山県岡山市鹿田本町三－一六
電話 〇八六(二二五)三八二一

(5)　富山市立・富山市民病院
住所　〒九三九－八五一一　富山県富山市今泉北部町二－一
電話　〇七六（四二二）一一一二

(6)　医療法人耕仁会・札幌太田病院
住所　〒〇六三－〇〇〇五　北海道札幌市西区山の手五条五－一－一
電話　〇一一（六四四）五一一一

笹野 友寿（ささの・ともひさ）
1955年、岡山県生まれ。川崎医療福祉大学教授。医学博士。精神保健指定医。日本精神神経学会専門医。日本内観医学会認定医。
愛媛大学医学部卒。研修医時代に奈良県大和郡山市にある内観研修所において吉本伊信師の指導のもとに集中内観を体験する。川崎医科大学精神科学講師、川崎医療福祉大学助教授などをへて現職。社会福祉法人旭川荘で診療を行なっている。日本内観学会評議員。日本内観医学会評議委員。
内観療法に関する著書は、単著で『内観療法の実践』（芙蓉書房出版）、共著で『内観療法の臨床——理論とその応用』（新興医学出版）などがある。

内観療法
——漂流する現代人への心の処方箋

2009年 4 月10日 第1刷発行
2016年 1 月20日 第3刷発行

著者———笹野 友寿

発行者———和田 肇
発行所———株式会社作品社
102-0072 東京都千代田区飯田橋2-7-4
Tel 03-3262-9753 Fax 03-3262-9757
振替口座 00160-3-27183

挿絵———尾滝遊狄
装丁———小川惟久
本文組版——ことふね企画
印刷・製本—株式会社シナノ

ISBN978-4-86182-245-2 C0011